認知コントロールからみた
心理学概論

◆

嶋田博行

鳥影社

| あか | みどり | きいろ | あお |

〈口絵1〉

〈口絵2〉

認知コントロールからみた心理学概論

目　次

まえがき　　7

第一部　認知コントロールからみた心理学概論

第一章　マインドの科学としての心理学 ……………………… 13

第二章　心理学にとって実験とは ……………………… 25

第三章　認知心理学 ……………………… 35
　1．認知心理学に至る長い歴史　　37
　2．認知科学，認知心理学の成立　　42
　3．行動主義の影響　　44
　4．長期記憶　　49

第四章　コンフリクト課題としてのストループ課題 …………… 61
　1．なぜ重要な課題なのか？　　65
　2．ストループ課題の認知心理学への寄与　　69
　3．マインドのコントロールが問題になる　　77

第五章　認知コントロール ……………………… 79
　1．グラットン効果と時系列効果（コンフリクト適応効果）　　82
　2．一致性効果とコンパチブル効果　　83
　3．コンフリクト効果と比率一致性効果　　86
　4．試行間の継時的効果としてのグラットン効果　　88
　5．グラットン効果のその後の展開：コンフリクト適応効果　　89
　6．エラー検出後の遅れ（ラビット効果）としての
　　　認知コントロールの証拠　　91
　7．反応の強制的中断と
　　　エラー反応としてのストップ信号パラダイム　　94
　8．熟練技能の階層的コントロール　タイピング　　98
　9．人間の判断ミスの原因　　103

第二部　研究論文

研究論文その1　日本における非アカデミックな概念の
　　　　　　　　　文化的背景：心理学の導入教育への意義 ⋯⋯ *107*

　研究1　心理学の非アカデミック概念の国際比較　　*115*

　研究2　*121*

　総合論議　*125*

研究論文その2　タイピングローマ字変換
　　　　　　　　　日本語の階層的材料を使った
　　　　　　　　　タイピングスキルの獲得プロセス ⋯⋯⋯⋯⋯ *133*

付録　QWERTY キーを使ったタイピング実験の方法と結果 ⋯ *165*

最後に　　*167*

認知コントロールからみた
心理学概論

まえがき

　本書は，心理学の初学者だけではなく，認知心理学の専攻学生だけでなく，研究者のために書かれた。この本の中で一貫して貫かれているテーマは，認知心理学とくに認知コントロールからみた心理学の概要である。科学は確かに，文化と無関係にそれ自身客観的に確立された方法をもっている。しかし，研究者が生きているのは，固有の文化の中である。したがって，研究者が何を心理学の中で期待するのか，何を重視するのかは，まさに文化固有の問題に関係している。

　本書の中で一貫して言いたいことは，単なる「心理学」という言葉の問題だけではなく，我々が生きている我が国日本の固有の文化をもう一度再認識してみようということである。

　そして，心理学が何を研究するべきかの方向付けが固有の文化によって左右されているということの認識を持ってもらいたいということである。そのことは，初学者だけではなく研究者にとっても重要である。

　ここで一貫して述べるのは，心理学が「マインド」をテーマにしているということである。つまり，心理学の辞典的な連想から予想される「ハート」ではなく「マインド」つまり「頭」の自己をコントロールする働きである。それは，最初に第一章で，文化的な背景として，我が国の学生がもつ心理学の連想語としての「感情」が極めて高く，諸外国の学生に比べて日本人学生がほぼ全員と言っていいくらい大勢共有しているという事実が述べられる。

そして，オーソドックスな心理学の歴史，認知心理学の歴史を述べた後，ストループ課題について述べることになる。そこでわかることは，この課題で測定されることが，マインドがいかに複雑な環境に適応できているかであり，エラーが少ないが，課題を解決するのに時間がかかるという事実である。つまり，人間の頭の良さ，つまりマインドが外界の求めに応じてコントロールできているかの事実である。

　このような問題意識を持ったのは，1990年代の半ばに在外研究で，アメリカイリノイ大学でゴードン・ローガン教授と出会ったことが大きな契機になっている。そのとき，日本人研究者の標準的な意識として私もまた，心理学は「ハート」も対象にしている，とその当時考えていた。ホスト教授のローガン教授と出会って，議論を行った。そのとき，初めて「心理学がマインドを対象にし，ハートは対象にしていない」ということを知った。その後もローガン教授とは毎年，学会（Psychonomic Society）で会い，またローガン教授が，イリノイ大学から移籍され，ストループが在職していた Vanderbilt 大学に移られてからは，共同研究をいっしょに行うに至っている。その中で感じたのは，我が国の研究者が，文化固有の背景の元で，心理学を難しく考えすぎているということである。

　つまり，「人間がどのように，環境に振り回されて，体の要求に左右されているのか」「感情に影響されて心が乱されているのか」「コントロールできていないのか，あるいは追求するべきか」を，我が国の研究者が目指しているように感じる。そのことは，実際に我が国の論文を査読していて，研究者がコントロールできていないというテーマで論文を書いていることから感じることである。

また，未だに，ストループ課題は，精神疾患の測定の指標だと捉えられているし，この課題では，エラー（つまり反応のミス）が問題になると思われている。しかし，実際には，この課題では，健常者には<u>ほとんどエラー反応が見られない</u>。ではどうして，この課題で，健常者の認知が捉えられるのか。それは，マインドがその課題を解決するのにかかる時間が問題となるのからである。従って，この課題は，健常者の認知の働きを捉えることができ，しかも，つまり，「マインド，つまり頭の働きはいかに優れているのか」「また複雑な環境の求めの課題に応じて，解決することができているのか」それが問題になる。つまり，一般に日本の研究者が抱いている方向性と180度設定が異なっている。それが今，認知心理学でわかってきているのであり，そのことを最もよく分かるのは，ストループ課題だということである。

　つまり，人間の頭がいかに優れているか，それが問題になるのである。感情は「マインドがどのようにコントロールできるのか」EQ（emotional quotient）という指標が問題になっている。またマインドフルネスという言葉があるが，座禅を組むといかに頭の働きがよくなるかというような問題設定が行われている。

　我々は自覚していないけれど，東洋の文化の中で生きている。それは初学者だけでなく，研究者自身も日常の中でそのような思考の枠組みができ上がっている可能性がある。例えば，認知心理学でボトムアッププロセスとトップダウンプロセスを言うとき，西洋の伝統的な考えの中では意識の中枢がトップということが自明であるが，東洋の考えでは必ずしもそうとも限らない。つまり，physicalは英語では身体的と同時に物理的でもあり，それはボトムを表すこ

とは西洋哲学では自明であるが，東洋では果たして自明なのだろうか。我々の文化には心技体という言葉があるからである。身体は，単なる物理的な物体以上のことを意味しているからである。したがって，心理学で物理的な感覚的な情報がボトムアップとしてマインドに到達するという考えは，我が国では決して自明なことではない。そのことが我が国の初心者にとって心理学の理解を困難にしている。なによりもそのことの違和感をごまかして教えていないかという我々教師の反省にたって本書は書かれた。

　本書で心がけたのは我々の固有の文化についての考察であり，特に説明なしに他者を相互理解しあおうとする文化的な背景である。幸い，説明なしに説明できる部分について国際的な背景やインターネットの普及によって，日本の食文化やサブカルチャーとしての「まんが」のように説明なしに分かり合える事柄については理解が進んできている。しかし，心理学は説明や論理があって初めて成立する学問である。特に心理学が何を対象としているのか最初に説明がないことが，初心者の理解を困難にしているだろう。本書で心がけたのは何よりもそのことであり，日本の誇るべき文化についての自覚である。

第一部

認知コントロールからみた
心理学概論

第一章　マインドの科学としての心理学

　心理学は「psychology」，ドイツ語では「Psychologie」の訳であることはよく知られている。心理学の成立は，日本ではヴント（Wilhelm Wundt; 1832–1920）がライプチヒ大学に実験室を開設した年（1879年）を指すとされている[1]。ヴントは，ハイデルベルク大学で医学を学び，1856年に医学の博士号をとり，1858年に最初の著書『筋肉運動論』を著した。ハイデルベルク大学で生理学の研究と教育を受けたが，その後助手に採用されたときの教授がヘルムホルツ（Hermann Ludwig Ferdinand von Helmholtz; 1821–1894）である。ヘルムホルツは生理学（特に，音響生理学や光の三原色説）とともに物理学の研究でも有名であり，後にベルリン大学の物理学の教授になった。エネルギー保存の法則を確立した研究者でもある。ヴントはこのように生理学の研究を行っていたが，ヘルムホルツの後任の教授にはライプチヒ大学で選ばれなかったため，1874年にチューリッヒ大学に移り，1875年，ライプチヒ大学に哲学教授として赴任した。

　このように，心理学は，医学生理学と哲学の基礎の上に成立した。つまり文科系と理科系の学問が合体したところに成立しており，その後の学問の性質を決定づけている。そのことが学生にとっ

---

[1]　アメリカではウィリアム・ジェームズ（William James; 1842–1910）が1875年に心理学の実験室を作り講義を始めていたときを指すとされている。彼はヴントと同様生理学に基づいた心理学の講義を行った。

第一部　認知コントロールからみた心理学概論

て理解を困難にしているのかもしれない。我々研究者にとっても事態は複雑であり，トムソン・ロイター社が科学論文を格付けしているが，科学雑誌として，心理学関係のジャーナルは自然科学にも社会科学にも分類されている。ヴントの頃から生理学の基礎，つまり神経の応答性能に基づいて，感覚や知覚がどのように生じるのかという認識論が論じられた。

　このような領域は，心理物理学（精神物理学 psychophysics）という。この領域の成立は，実はヴントよりも古く，フェヒナー（Gustav Theodor Fechner; 1801–1887）がライプチヒ大学で物理学の教授としてこの領域を創始した。物理的な刺激と感覚の関係は感覚器官で捉えられた心理量（R: 例えば光の強さ）が物理的な刺激量（S）の対数に比例するというフェヒナーの法則で有名である。

$$R = k \, \log_{10} S \quad （k は感覚定数）$$

　つまり，心理的な感覚量は刺激の強度ではなく，その対数に比例して知覚される。この関係は，ウェーバーとともに，ウェーバー・フェヒナーの法則とまとめて言われることが多い。

　物理量の対数に比例していることに基づいているのは，星の明るさである。一番明るい一等星から並べると六等星まであるが，六等星の明るさを 1 とすると，五等星の明るさは 2.512，四等星の明るさは 6.31，三等星の明るさは 15.851，二等星の明るさは 39.81，一等星の明るさは 100 になる。人間の感覚（心理量）の大きさが対数に比例することは，音，味，お金，時間などに当てはまる。

- 14 -

第一章　マインドの科学としての心理学

　このように，心理学は成立の当初から，理科系の知識に基づく，精神の基本的な認識を問題にしていた。

　ここで日本語の「心理学」という言葉を考えてみよう。心理学の内容を理解するのを困難にしている，日本語特有の問題がある。

　心理学という言葉には，「心」という小学校1年生で修得する漢字が使われている。「心」という漢字は象形文字から成り立っており，動物の心臓の形を元に作られている。従って，「心」の基本的な意味は「心臓」である。これに対応する英語は「heart」であることは言うまでもない。英語の「heart」の第一の意味は「心臓」である。そして，「center」の意味をもつ。「心」にも「中心」の意味がある。また，「core」の意味をもつ。「心」も同様に「核心」の意味をもつ。

　おそらく「心理学」の名称から考えて，読者は，心理学が「heart」を対象にすると想像するだろう。しかし，実際は全く異なっている。

「心」に対応する用語として，「mind」がある。

「heart」が人間の感情に関係するコントロールされない直接的な気持ちに関係する言葉であるのに対して，「mind」は，知的な精神に関係し自己をコントロールする働きに関係する部分を指す。

　心理学が対象とするのは，「heart」ではなく，「mind」である。

第一部　認知コントロールからみた心理学概論

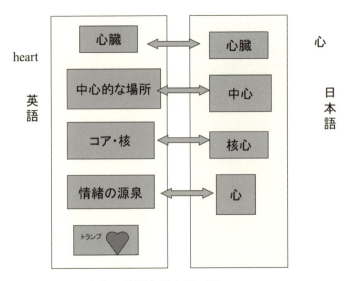

図1-1　heartと心　英語と日本語の間

図1-2　mindを含む英語タイトルの日本語タイトルの本

　ところが，日本で出版されている海外の心理学関係の英訳のタイトルを見ると，例えば，『脳と心』の英語タイトルは"Brain and Mind"であり，『心のシミュレーション』のもとの英語タイトルは"The Computer and the Mind"であり，『心の社会』は"The society of Mind"である。同様に，有名なペンフィールドの『脳と心の正体』の英語タイトルは"The mystery of the Mind"である。

第一章　マインドの科学としての心理学

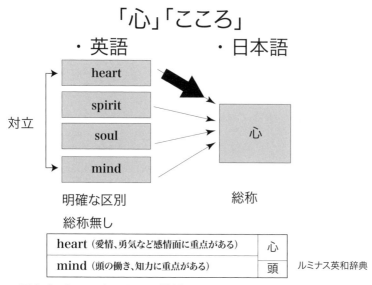

図 1-3　heart と mind の関係

　心理学が扱うのは「mind」であり，「heart」を扱わないのに「heart」を扱うという誤解が，初心者だけでなく心理学を専攻としている学部学生，大学院の学生はおろか研究者，それも一流とされている人にまである。

　Ashitaka と Shimada（2014）はこの問題を正面から問題にした。本書の第二部にこの論文の日本語訳を掲載した。元の論文は，英文ジャーナル（*International Journal of Psychology*）であり，これは，各国の心理学会の連合体である国際心理学会議（ICP）の機関紙でもある。この論文はオープンアクセス権を取得し，著作権を著者に買い戻しているので，日本語訳可能になっている。
　この論文によると，9割の学生が「心理学が『heart』も『mind』も対象にしている」と答えた。心理学が「heart」を対象として

いないことは，APA（American Psychological Association：アメリカ心理学会）が発行している心理学辞典に，「heart」の項目がないことから一目瞭然である。読者にとってわかりやすいのは，「psychology」の英語の wikipedia の項目に「heart」が含まれていないことからもわかる（http://en.wikipedia.org/wiki/Psychology）。当然ながら「mind」は多く含まれる。

「heart」がコントロールされない直接的な感情に関係する部分であり，心理学は当然感情も対象にするが，それをどのようにコントロールするのかの問題である。心理学の教科書で「心の科学」とか「こころの科学」という副題がついているものがあるが，心理学の理解をかえって理解しにくくしているのでないかと思われる。「mind」が対象であるので，心理学の教科書は感覚，知覚，記憶，思考，言語のようなところからたいてい記述されている。そして学生が最初につまずくのである。水野（2011）は，「心理」という言葉から連想する単語を調べた。その結果現れたのは，やはり「heart」に関係のある用語だった。第二部に掲載している Ashitaka と Shimada（2014）の論文では「心理学」から連想する言葉についての連想を調べた。その結果「心理学」から連想する単語は，「感情」という単語が他の国々の学生に比べて非常に強いことがわかった。詳しくは，第二部の論文を参照していただくとして，以下に簡単に結果を図示する。

第一章　マインドの科学としての心理学

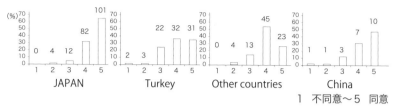

『感情』項目の評定分布

図 1-4　日本では，心理学の概念が感情に偏っていた（J 曲線）
　　　　〔我々の研究結果（Ashitaka & Shimada 2014）より
　　　　　　　　　　　　第二部　研究論文その1　本書 p.120参照〕

日本での調査

(1) **質問A　学生（$n = 195$）**
　・あなたは心理学から知性または感情のどちらを連想しますか？
　・あなたはテレビ番組または本から心理学についてなんらかの
　　知識を得たことがありますか？

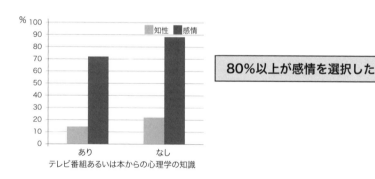

図 1-5　我々の研究結果（Ashitaka & Shimada 2014）より
　　　　　　　　　　　（第二部　研究論文その1参照）

(2) 質問B　学生（$n = 270$）
「heart」は我々が制御できない心の感情的な部分であるのに対して，「mind」は認知処理や言語習得と関連する心の知的な部分を構成します。心理学というワードで主に連想するのは，「heart」と「mind」のどちらか評定してください。

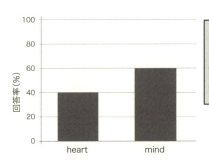

「psychology」の定義に関係するものとして認知プロセスや言語習得を含めた。定義によって60％の学生が「mind」を選んだ。

(3) 質問C　学生（$n = 134$）
心理学というワードで主に連想するのは，「heart」と「mind」の両方か，どちらか？

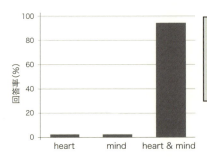

もっと重要なことに，日本人の学生は大部分が，「psychology」は「heart」と「mind」両方に実際にまたがることを表した。

図1-6　我々の研究結果（Ashitaka & Shimada 2014）より
（第二部　研究論文その1参照）

第一章　マインドの科学としての心理学

　心理学の範囲を超えてしまうが，なぜ「psychology」が心理学という学問名称になったのか，筆者は仮説を持っている。

　明治の初期，文部省が「心理学」というタイトルを作り，東京帝国大学の前身の開成学校で心理学の授業を行ったことが，日本における心理学の起源になっている。明治時代，西洋に追いつこうとしていた日本。そのとき，教育の根幹として，キリスト教に代わる宗教が必要であった。確かに，キリスト教では，新約聖書に「mind」と「heart」が出現する。マタイによる福音書第22章37節，38節では，次のような英文が表れる。

Jesus replied: "Love the Lord your God with all your <u>heart</u> and with all your soul and with all your <u>mind</u>."

　ここに，「heart」と「mind」が表れる。
　日本聖書協会の新共同訳の日本語訳では，

　イエスは言われた。「『<u>心</u>』を尽くし，精神を尽くし，<u>思い</u>を尽くして，あなたの主である神を愛しなさい」

　これに対して，「『<u>心</u>』を尽くし，思いを尽くし，<u>知力</u>を尽くして，……」という訳が複数ある。
　ここでは「heart」を「心」に，「mind」を「思い」あるいは「知性」と訳している。
　（同様のことは，マルコによる福音書第12章30節参照）

第一部　認知コントロールからみた心理学概論

　カトリック教会の聖書の解釈によると，十字を切るとき，縦に十字を切るとき，最初に頭に手を置き，次に胸に手を置くが，それが頭と体，つまり「mind」と「heart」に対応している。キリスト教の「愛」は単なる感情ではなく，知的な考えも含むのである。

　先に「psychology」が「mind」のみを扱うと述べたが，西欧では，「heart」と「soul」が宗教で扱われることで，科学としての「psychology」が宗教と住み分けができているのに対して，近代化を急いだ明治政府が「心理学」という科学に「heart」や「soul」の含みを持たせ，日本固有の伝統的な文化を尊重するという独自の観点で「心理学」という名将にしたのであろうというのが私の仮説である。

　この「心理学」という言葉は，文化的な背景もあり，きわめて頑強な概念を形成している。そのことは，この後の章で述べていく。「認知心理学」，特に「認知コントロール」の研究において，研究者の方向付けに大きな制約を与えてしまっていることに，読者は気づかれるだろう。また「第二部　研究論文その1」で述べているように文化固有に対応した土着心理学の動きがあるため「heart」を含めたいのであれば「psychology」と「心理学」は別だと考えてもいいだろう。それは，東洋医学や芸術の世界（日本画や邦楽）で日本芸術がアカデミックな世界で市民権を得ているためである。そこまでラディカルでなくても少なくとも西洋を起源とする「psychology」に対照的な「心理学」のとらえ方が我が国で一般的だという自覚が必要であり，特に入門段階で重要であろう。

　特に第四章で述べる「ストループ課題」で，そのことが明らかになるはずである。

－ 22 －

文献

Ashitaka, Y., & Shimada, H. (2014). The cultural background of the non-academic concept of psychology in Japan: Its implications for introductory education in psychology. *International Journal of Psychology, 149*, 167–174. doi:10.1002/ijop. 12021

水野りか 編（2011）『連想語頻度表—3 モーラの漢字・ひらがな・カタカナ表記語』ナカニシヤ出版

NHK 取材班（1994）「脳と心 4　人はなぜ愛するか感情」NHK サイエンス・スペシャル『驚異の小宇宙・人体 II』NHK 出版

梅本堯夫・大山 正（1992）『新心理学ライブラリ 1　心理学への招待　こころの科学を知る』サイエンス社

Johnson-Laird, P. (1988). *The Computer and the Mind: An Introduction to Cognitive Science*. Cambridge, MA: Harvard University Press. 海保博之・中溝幸夫・横山昭一・守 一雄（訳）(1989)　新曜社認知科学選書『心のシミュレーション　ジョンソン゠レアードの認知科学入門』新曜社

Minsky, M. (1988). *The Society of Mind*. Simon and Schuster. 安西祐一郎（訳）(1990)『心の社会』産業図書

Penfield, W. (1975). *Mystery of the Mind: A Critical Study of Consciousness and the Human Brain*. Princeton University Press. 塚田裕三・山河　宏（訳）(1987)『脳と心の正体』文化放送開発センター出版部

ファンデンボス監修，繁桝算男・四本裕子監訳（2013）『APA 心理学大辞典』培風館

第二章　心理学にとって実験とは

　初めて学ぶ学生にとって，心理学が実験を行うと聞いて少し奇異に感じるかもしれない。しかし，先の章の「マインドの科学としての心理学」を読んでもらうと，心理学で実験が重要だということがわかるだろう。多く人間を扱う心理学にとって，物理学の実験とは違うことがある。

　まず，どのようにして人間を対象に実験を行ったらいいのか想像がつかないだろう。**実験**（experiment）は**観察**（observation）とは異なる。観察が自然を**統制**（control）しないまま行うのに対して，実験の場合は人為的条件を設定して記録，測定する。測定は多くの場合，「**行動**（behavior）」を指標とする。もちろん脳研究（**認知神経科学的方法**）として ERP（**事象関連電位：脳波**）や**機能的磁気画像共鳴法（fMRI）**などを取る場合もある。詳細は，認知心理学の章（第三章）で述べることにする。行動とは，神経細胞レベルではなく個体レベルで観察可能な出力を指す。例えば言語行動（発話やタイピング）や手の運動による行動を指す。

　今，自然状態で行動を計測するのではないということを述べた。なんらかの人為的な操作が加わるということに注意してほしい。自然状態では，人間の行動の原因はかぎりなく多くある。自然状態で因果関係を捉えるには，行動に影響を与える要因が多く考えられ，捉えきれないだろう。

2　動物を扱うこともある。

第一部　認知コントロールからみた心理学概論

　例えば，電車の中の乗客を観察してみよう。

　多くのバリエーションがある。寝ている人，スマホを見ている人，しゃべっている人，さまざまだろう。でも，どうしてその行動をしているのか，原因を探ることは不可能である。

　そこで，心理学で実験を行う場合，実験を受ける人々（**実験参加者**：participants，**被験者**：subjects）[3]に**課題**（task）を与えることにしている。例えば，実験参加者はコンピュータ・ディスプレイに提示された図形や文字を見ることが多い。そしてスピード（**反応時間**：reaction time: RT）やエラー数（エラー率）が測定される。先の電車の中の乗客の行動の観察状況を考えてみよう。彼らは一人ひとり，電車に乗った目的が違う。仕事に行くために急いでいる場合もあるし，遊びに行くために乗り合わせた場合もあるだろう。

　実験室内で課題が与えられ，例えばコンピュータ・ディスプレイに図形が提示され，出現した図形に対してキーボードを押すということが求められると，視覚刺激は一定になるだろう。一人ひとり個別に実験室に入り，画面との距離を一定にして実験参加者がコンピュータ画面の前に座った場合，どの実験参加者も同じ画面を見ることになる。

　読者が物理学をベースにした実験に慣れている場合，これで十分実験ができると感じるかもしれない。しかし，実際は十分ではない。人間を相手に実験を行う場合，反応の**ばらつき**（変動性）を考えて実験を行う必要がある。実際には同じ刺激を与えたとしても反応にばらつきが現れる。このことは，データを取ってみないと気づ

―――――――――――
3　被験者という用語は使われる場合があるが，実験参加者のほうが今は一般的である。

― 26 ―

第二章　心理学にとって実験とは

かない。従って本書では，データを取るための簡単な実験をここで行い，人間の反応のばらつき（変動性）が思いのほか大きいことを知るために，以下の「個人内変動と個人間変動（個人差とは）」という演習を参照してほしい。

第一部　認知コントロールからみた心理学概論

【演習1】　個人内変動と個人間変動（個人差とは）

　この演習で行うのは，教育用の実験として情報処理演習室のような場所で多人数で，コンピュータ・ディスプレイに提示された図形に対して反応を求める課題である。もちろん，厳密には個別に一人ずつ実験室で実験を受けることが望ましい。

　この演習を行うことにより，たとえ他の刺激条件が同じであっても，反応時間のばらつきが大きいことがわかる。そして，それが直ちに個人差を意味するものではないことがわかるはずである。

　コンピュータ・プログラムを起動すると最初に凝視点としてプラスの記号「＋」がコンピュータ画面の中央に現れる。これが½秒（500ミリ秒）現れた後に，½秒（500ミリ秒）画面がブランクになり，その後に図形（「○」または「△」）が2秒間現れる。

　実験参加者の課題は，図形が「○」のときは左の人差し指，「△」のときは右の人差し指で，できるだけ速く反応することである。左人差し指はキーボードの「F」，右人差し指はキーボードの「J」を使う。これらのキーはキーボードのホームポジションに該当するので，予め指を該当するキーの上に置いて，図形が現れたらすぐに押せるようにしておく。実験参加者が反応してキー押すと画面はすぐに消える。もしも，反応が2秒間の間

－28－

第二章　心理学にとって実験とは

になければ，次の試行（trial）に移る。一つの試行の時間経過を図 2-1 に示した。

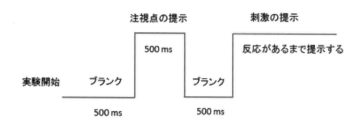

図 2-1　試行内の時間経過

　極めて単純な実験であるが，実験を考えるときに重要である。この演習は，一人だけのデータだけでは不十分であり，個人内変動と個人間変動を調べるには，少なくとも複数（二人以上）の結果を使う必要がある。もしも一人でデータを取られた場合は，だれか友達のデータも取ってみてほしい。なお，この実験は心理学では「選択反応時間課題」と呼ばれる基本的な実験である。

　次頁の図 2-2 は変動の様子を調べるために，2 名の結果を図示したものである。刺激画面は二つしか無い。反応も二種類であり，その他の条件も一定である。画面が「○」か「△」かはランダムに変わる。画面が「○」のときの反応をまとめて図示してみよう。同様に「△」のときの反応も求めてみよう。参加者 A の結果を見てみよう。図 2-3 では刺激が「○」のときだけを示しており，図 2-4 では刺激が「△」のときだけを示してい

る。「○」という同じ刺激が繰り返し現れているのに，反応は毎回変動している。「△」の場合も同様に変動している。

参加者Bの場合も調べてみよう。

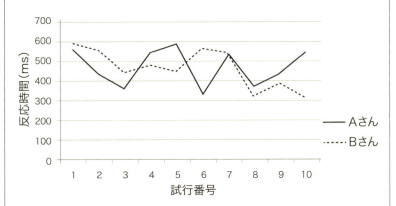

図 2-2　試行ごとの反応時間

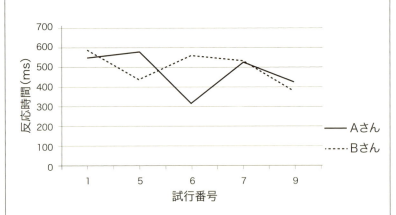

図 2-3　試行ごとの反応時間（刺激が「○」の条件）

図 2-3 を見ると，同じ刺激なのに，反応が試行ごとに異なっている様子がわかる。横軸の数字は試行番号である。つまり，

第二章　心理学にとって実験とは

第1回目，5回目，6回目，7回目，9回目は刺激が「○」だったことを示している。

　6回目の試行を見よう。参加者Aと参加者Bを比較すると，Aのほうが B に比べて反応が速い。もしも実験がこの1回だけであるとして，参加者Aのほうが B に比べて速いという個人差が現れたと結論するのは非常に危険である。このようなばらつきがあるため，たとえ同じ刺激を与えた場合でも繰り返しが必要である。つまり，今回の演習の場合，「○」が現れる場合と「△」が現れる場合とがランダムに出現するようにプログラムされている。このようなばらつきを捉える科学が統計学 (statistics) である。心理学にとって統計学は非常に重要である。

　実験を行うために必要な知識を与えてくれるものが，統計学の一分野である「実験計画法 (experimental design)」である。

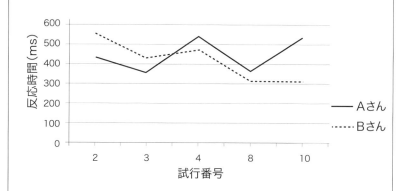

図 2-4　試行ごとの反応時間（刺激が「△」の条件）

【演習２】大きさの恒常性

　ここで行う演習は，厳密ではないがだれでも簡単に体験できる演習である。一般的な教室でも，また個別に自宅でも体験できる。

　以下のような手続き（教示）に従ってほしい。

① 椅子に座って正面を向いている状態，あるいはまっすぐに立った状態にしてください。

② 目の高さの位置に右手をまっすぐ伸ばして，手のひらと反対側（手の甲）が見えるようにします。

③ 目と右手のちょうど半分の距離になるように左手を伸ばして，さっきと同じように手のひらと反対側が見えるようにします。

④ 右手と左手の大きさを比較します。

　右手が左手の半分の大きさに見えているか調べると，おそらく少し小さく見えているはずである。半分の大きさには見えないだろう。しかし，幼稚園のこどもたちに，「ものはどこで見えるのでしょう？」と尋ねるとだれもが「目で見る」と答えるはずである。それは目を閉じると見えなくなるからである。しかし，この答えはほとんど間違いである。実際には，目という臓器（つまり身体）で見ているのではなく，脳で見ていることがこの演習（大きさの恒常性）で捉えられる。

実際に小学校時代，目は凸レンズの働きをしていると習ったはずである。今の演習の結果を簡単に図に示すと以下のようになる。

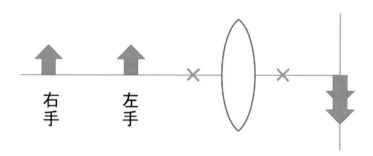

図 2-5　凸レンズを通したスクリーン上の像の大きさ

　この図のように凸レンズが背景のスクリーンに作る像は焦点からの距離に反比例するのであり，目は非常に小さいので焦点はほぼ目の前に位置するため，目からの距離と考えて良い。従って，今観察した場合であると，右手は左手に比べて，目からの距離が二倍であるため，像は左手に比べて二分の一になっているはずであるが，そのようには見えていない。
　それは大脳で調整しているからである。つまり，身体（ハート）が問題になるのでなく，頭（マインド）が問題になる。
　すでに，1970 年代に Hübel & Wiesel がマカクザルを使って，大脳の後頭葉の領域の視覚に関係する細胞が，網膜と一対一の関係に対応しているということを捉えている。このように，視覚的な処理が脳で行われている。おそらく心理学の多くの教科

書が感覚や知覚の話から心理学に関する説明を始めているのは、このような「頭の働き」が重要であるということを述べているのである。

この演習で重要なことは、もう一つある。

それは、このような現象はだれもが体験しているため、気づいていないということである。つまり、一般的な現象は「あたりまえ」（自明性）になっているということである。

文献

嶋田博行　大項目 "実験" 『心理学辞典』有斐閣

森　敏昭・吉田寿夫編著（1990）『心理学のためのデータ解析テクニカルブック』北大路書房，イリュージョンフォーラム　http://www.kecl.ntt.co.jp/IllusionForum/

第三章　認知心理学

「認知心理学」とか「認知科学」という言葉を聞かれたことがあるだろう。英語では "Cognitive Psychology", "Cognitive Science" という。「認知」は "cognition" という言葉に対応している。

昔は「認知」と聴いて，親が自分のこどもを「認知する」というようなときに使う言葉であり，心理学と結びつくのが奇異に感じられたこともあるが，今はそのようなことはない。

それよりも「認知症」(Dementia) と結びついて，認知症の心理学や科学だというように誤解する人がいるかもしれない。認知症は，かつては「痴呆」と呼ばれていたが，2004 年に「認知症」という呼び名が確立された。[4] この用語には老年がだれでも経験する，物覚えが単に悪くなるという場合を含むのではなく，病的な能力の低下を指す。

高齢者に認知心理学の実験の参加者（被験者）をお願いすると，「それだけは勘弁してほしい」と拒否されることがあるのは，おそらく認知心理学を「認知症の心理学」と思われているためだと思われる。

認知とは，記憶，思考，言語など人間の高度な精神活動を指して呼ばれる名称である。最初のところで述べた「マインド」と，かなりの部分でオーバーラップしている。

4　日本の認知心理学に係る学会が，パブリックコメントの時期をすぎて反対したが，すでに認知症という名前が確立された後だった。

第一部　認知コントロールからみた心理学概論

　一般的に言って，心理学の教科書は，最初に心理学の歴史，次に感覚・知覚から章立てが始まることが多い。

第三章　認知心理学

1. 認知心理学に至る長い歴史

　心理学の成立について，第一章でヴント（Wundt）の話をしたことを覚えているだろう。そこで物理学が果たした役割についても簡単に述べた。最初はヴントは，ライプチヒ（Leipzig）大学の物理学の教授のヘルムホルツ（Helmholtz）のもとで助手をしていて（ヘルムホルツは後にベルリン大学の物理学教授として転職した），そして，その当時フェヒナー（Fechner）がライプチヒ大学におり，1834 年から物理学の教授をしていたことを述べた。彼は心理物理学，精神物理学（psychophysics）を確立した人物として知られている。先に述べたように，物理量と感覚量（心理量）が対数の関係になっていることを見出し，現在でも星の等級や音圧の尺度が対数関係になっていることに現れている。精神物理学，心理物理学は現代の心理学の重要な領域になっている。つまり物理量と心理量の関数を調べる領域である。*Attention, Perception & Psychophysics* という学術ジャーナルは，レベルの高い学術雑誌として発刊されている。

　ヴントはその後，ライプチヒ大学で哲学教授となった。つまり，哲学と物理学が合わさった領域として「心理学」が成立したのであり，物理学が心理学の成立に果たした役割は非常に大きい。近代科学の成功は，ニュートン力学の成立に負っているため，新しい学問を設立するためには，既存の科学の基盤に基づいて成立する必要があったのである。

第一部　認知コントロールからみた心理学概論

1.1. ゲシュタルト心理学

　この流れはその後，ベルリン大学のゲシュタルト心理学に受け継がれる。

　ゲシュタルト心理学がもっとも隆盛だった時代は，主に，1910年代から 1945 年までである。ゲシュタトル心理学においても，物理学の果たした役割が大きい。マクスウェル（Maxwell）の電磁気学である。つまり電磁場（field）の研究である。電磁気学を電荷と電磁場の相互作用として説明する。物理学からヒントを得て，それを心理学に適用し，マインドの要素と全体の関係，脳の電気信号と知覚の関係を説明しようとした。ただし，心理物理同型説（isomorphism）の考え方は現在では否定されている。また要素に比べて全体を優先するという考えは，「全体主義」という批判から戦後は廃れていった。

1.2. 行動主義

　ヴントの心理学は，アメリカのワトソン（Watson, J. B.）の行動主義によって痛烈に批判された。彼はわずか 30 歳代でアメリカ心理学会の会長に就任したことからもわかるように，彼の主張は大きいインパクトを与えた。つまり，科学としての要件は，客観性，一般性，再現性にあるが，自分自身を被験者とした実験，またマインドを対象とした心理学は，科学としての要件を満たしていないという主張である。

　彼は，言語報告に対する徹底的な疑いをもっていた。つまり，言語はなんら客観性をもっていないと言う。言語報告が得られただけでは，その内容が正しいということを保証するものではない，とい

－38－

う主張である。

たとえば，次のような事例を考えてみよう。

交通事故でドライバーが信号を見ていたと主張したとする。しかし，その報告だけで信号を見たということを信用することはできない。

言語報告だけでは，その内容を保証するものではない，という主張は，さらにもっと徹底的な客観主義に基づく実験の主張に至った。つまり，マインドを対象とした心理学の否定である。代わりに心理学は「行動」(behavior) を対象にせよ，と出張した。行動は，客観的に観察可能である。それに対して，思考や記憶はどこで行われているのか観察できないし，場所も特定できない。対象となる人の主観にもとづいている。

例えば，授業中にこの授業を受けている人間を観察してみよう。彼らが何をしているかは観察できる。しかし，彼らが何を考えているかは直接わからない。行動主義の主張は，直接観察可能な行動に対象を限定せよという主張である。

そして，行動を対象とするのなら，なにも対象は人間でなくてもよい，動物でよいとされた。つまり，ネズミ，ハト，ネコなどが好んで使われた。特にネズミが好まれた。ネズミは簡単に繁殖させることができ，成長もわずかな期間である。そして，人工的な環境で飼育でき，実験的に厳密な統制ができるからである。たとえば，私の授業の受講生の行動を調べると，机のそばの椅子に座って私の方を見ている学生が大部分だろう。しかし，それは小学生以来，そのような習慣が身についているため（つまり癖）だろう。これに対してネズミの場合，実験環境に初めて接する状況を作りだすことがで

きる。つまり厳密な統制ができるのである。

　行動主義では，我々人間が行う複雑な行動は，簡単な要素の動作に分解できると考えられた。つまり，学生が今ノートに複雑な字を書いているとしても，手が左右上下に動いているという要素に分解できる。それはネズミが前足を左右上下に動かす動作となんら変わりはない。たとえばライオンの火の輪くぐりの複雑な動作であっても，一つ一つのステップに分解できるだろう。また，そのとき優勢だったパブロフの条件付けの原理が，行動の重要な原理として採用された。

　行動主義では，刺激と反応との関係を捉えることが何よりも重視された。この関数関係がわかると，行動の予測ができると考えられた。つまり，適切な刺激を与えれば，どのような行動が次に行われるかの予想ができると考えられた。ワトソンは，自分に100人のこどもを与えてくれたら，そのこどもを大学教授にも，社長にも，泥棒にも，どんな人間にもしてみせると言い放った，と言われている。

1.3. 行動主義の行き詰まり

　彼らは行動の予想ができるため，盛んにネズミにＴ字型迷路を使った。たとえば右に曲がるネズミを作るには，右側に餌をおく。最初はネズミは三叉路のところでどちらに行くか，なかなか方向が決まらない。しかし右に曲がると餌がもらえることがわかると，右に曲がるようになる。

　そして，試行を重ねるほど速く曲がるようになる。

　ところが困ったことが起きた。餌を大量に食べると今度は曲がる

第三章　認知心理学

行動が弱くなるのである。つまり食べ過ぎると満腹になる。そこでネズミ側の欲求を含めないと，単なる刺激から行動の予測はできなくなった。

　もう一つの批判は，生物行動学（比較行動学：ethology）からの批判である。つまり，ネズミに学習させてもネコの鳴き声は習得できないし，ネコのような行動は習得できない。

　つまり，動物の行動は，種固有の部分があり，それは生得的（生まれつき）の行動であり，学習によって得られるものではない，という批判である。

2. 認知科学，認知心理学の成立

1956 年は，一つの転換点の年であるとされている（Gardner, 1985; 佐伯, 1983; Lachman, 1988; 安西, 1987; 梅本, 1984）。

この年，ミラー（Miller, G. A.）は，短期記憶の容量がおよそ七個に限定されることを論文に表している。また，ニューウェル（Newell, A.）とサイモン（Simon, H. A.）は同じ年に，記号論理学上の定理を証明するロジック・セオリスト（Logic Theorist〔LT〕）というプログラムを完成させ，これを心理学上の理論として提唱する試みを行い，人工知能研究の幕開けとなった。

1960 年代に入ると，ブルーナー（Bruner）とミラー（Miller, G. A.）はハーバードに認知研究センター（Center for Cognitive Studies）を設立した。ミラーはプリブラム（Pribram），ガランター（Galanter）とともに，プランと行動の構造の中で，TOTE（Test-Operate-Test-Exit）ユニットという活動単位を提唱した。

このように，初期の認知革命と言われる認知科学，認知心理学の成立に果たした，コンピュータ科学の役割は大きい。つまり，機械ですら，記憶，思考，言語が扱えるのであれば，行動主義がいうように「思考，言語，記憶を扱うことが非科学的だ」という主張は当てはまらなくなる。

1980 年「認知科学に関する日米シンポジウム」が開催されたとき，代表的認知科学者のノーマン（Norman, D. A.）は，認知科学とは「人間，動物，機械をふくめたすべての知的構造物の認知，すなわち知能・思考・言語を研究する分野である」と定義している。認

第三章　認知心理学

知科学が成立した背景には，それぞれの分野で，コンピュータ科学への接近があったのであり，それは心理学においても例外ではなかった。ノーマンが電子工学で修士号を得，心理学で博士号を得ていることからもわかる。心理学におけるコンピュータ科学への接近は，ガードナー（Gardner）の『認知革命』や，ラックマン（Lachman）の『パラダイムの変革』といった著書が相次いで出版され，直ちに日本に翻訳され，方法論上の大きい変革であると認識されるようになり，「認知革命」という言葉が生まれた。ノーマンは認知科学で扱うテーマを 12 個挙げている。すなわち「信念システム，意識，発達，感情，相互作用，言語，学習，記憶，知覚，行為実行，技能，思考」である。これら 12 の主題は，心理学の全領域を，ほとんどカバーしていることに気づく。

　初期の認知科学，認知心理学の情報処理を重視し，アーキテクチュアを軽視する見方は 1980 年代に大きく修正された。**認知神経科学**（cognitive neuroscience）による大脳の仕組みの重視，デジタルコンピュータではなくネットワーク全体で脳を表現する**並列分散処理モデル**（pararrel distributed Processing model; PDP model）や，アーキテクチュアを重視した ACT-R のシミュレーション（**計算論的認知科学**），また，脳損傷患者の脳に対応した機能局在を調べる「**認知神経心理学**（cognitive neuropsychology）」が盛んに研究され，**実験認知心理学**に大きい影響を与えている。

　このように現在の心理学は，過去に行われてきた心理学のマインドの科学に，別のアプローチをすることによって立ち戻ってきたといって良い。

－ 43 －

3．行動主義の影響

　それでは，行動主義の考えは全く消えてなくなったのだろうか。行動のみに限定し，下等な動物で人間の行動を調べるという考えは確かになくなった。しかし，この主張のうち，厳密な実験を行えという主張は，現在の心理学に引き継がれている。

　初期の認知心理学では，デジタルコンピュータの比喩（アナロジー）が幅を効かせていた。例えば，ミラー（Miller, G. A.）が提起した直接記憶の範囲としての**マジックナンバー**（magical number）7項目プラスマイナス2がそうである。7項目の原理としてチャンキング（chunking）が働くと考えられた。最初は情報が流れ，作業のように入力された情報が多くの貯蔵庫を経て，長期の記憶に流れていくというようなモデルが提起された（Atkinson & Shiffrin, 1968）。このモデルはボックスモデルという。**感覚記憶**（sensory memory），**短期記憶**（short-term memory: STM），**長期記憶**（long-term memory: LTM）に区別される。感覚記憶は数百ミリ秒以内の記憶であり，アイコニック記憶ともいう。デジタルコンピュータでは，CPU の中のレジスターに当たる。実際，感覚記憶は，感覚登録器（sensory register）の中に情報が蓄えられると考えられた。感覚記憶に入った情報が選択を受け，短期記憶に残る。短期記憶は，短期貯蔵（short term storage）に蓄えられる。デジタルコンピュータでの主記憶に該当する。デジタルコンピュータでは，電源を切ったときに失われる短期記憶に入った情報は，リハーサル（rehearsal）という反復を経て長期記憶に残る。デジタルコンピュータでのハード

第三章　認知心理学

ディスクに当たり，半永久的に残ると考えられる。現在の認知心理学では，認知神経科学の進歩により，脳の機能を重視するようになってきたため，抽象的な**情報処理**（information processing）[5]で認知心理学を捉えることは廃れてきた。

　認知心理学の成立のところで述べたが，最初はデジタルコンピュータのアナロジーが重要な役割を果たしていた。つまり，情報処理モデルである。Atkinson & Shiffrin（1968）はその代表的なモデルである。

　今でも，認知心理学や認知科学の教科書に載っている。工学的な本では，今でもこのモデルで説明されているものもある。

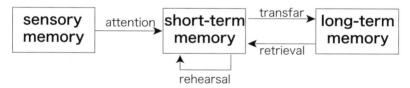

図 3-1　情報処理モデル

　左から**感覚記憶**（sensory memory），**短期記憶**（short-term memory: STM），**長期記憶**（long-term memory: LTM）という貯蔵庫（store）

---

[5] 処理という言葉はプロセッシング，つまりプロセスを経ていくという意味であることに注意されたい。英語をどのように日本語に翻訳するかは，単なる日本語と英語との対応だけの問題ではない。例えば communication という英語があるが，日本語では人と人のかかわりにはカタカナ語として「コミュニケーション」，コンピュータとコンピュータとの連絡では「通信」というように同じ communication の訳を使いわけている。従って ICT は情報通信技術のことであり communication が英語として入っていたとしても日本ではそれをカタカナ語では表記しない。

があり，情報が単純に流れていく。デジタルコンピュータのアナロジーで，レジスター，主記憶，外部記憶装置にあたる。

　感覚記憶から注意された情報が短期記憶に入り，その中でリハーサル（反復）されている間は短期記憶に貯蔵される。長期記憶に入るには変換される必要がある。注意（attention）は，情報が短期記憶に入るときに重要な役割を果たす。注意は主記憶の容量が少ないため，必要な情報だけが，短期記憶に送られるときに使用されると考えられていた。

　この情報処理モデルは，コンピュータの比喩から見ると理解しやすかった。記憶は，**記憶課題**として「覚えなさい」という課題が与えられ，どのくらい覚えていたかで，刺激と反応との関係から調べることができる。刺激が与えられた後，一定時間後にどのくらい覚えていたかの反応との対応によって，記憶を定義することができるためである。

　このような課題は，過去の記憶の影響を受けない課題として，数字や，無意味な単語や文字を使って調べられた。しかし，厳密に統制するほど，意味のない材料だけを使った記憶実験の限界が現れてきた。現実の記憶を考えるときに，無意味な材料を使っている限り，言語記憶の問題にアプローチができない。

　認知心理学において，これらの**有意味材料**（言語材料）を使った研究が多く現れてきたことが，もっとも大きな特徴である。そこで**プライミング**（priming）課題が挙げられる。

「プライミング」という言葉は日本語になりにくい言葉である。「プライム（prime）」という言葉があり，名詞と動詞がある。動詞としては，「きっかけを与えて反応を引き出す」という意味であ

第三章　認知心理学

る。名詞としては，「きっかけ」とか「さきがけ」とかいう言葉に
当たる。

　例えば，「その綴りが意味のある綴りか，意味のない綴りか」を
判定する**語彙判定**（lexical decision）課題がある。プライムとして
の単語が提示された後に対象となる刺激である。これを**ターゲット**
（**target**）と呼ぶ。たとえば，ターゲットとして「じてんしゃ」は意
味のある綴りであるが，「ひろんしゃ」という意味のない綴りが与
えられる。このような綴りの判定を行うときに，意味のある綴りと
関係のある「のりもの」というワードを「**プライム**」として与えて
おくと，ターゲットの語彙判定が速くなるという効果をプライミン
グ効果という。

　同じことは，**命名課題**（naming）でも得られ，以下の絵に対し
て，「りんご」というように命名するときに，プライムとして「く
だもの」が与えられたときのほうが，「のりもの」というプライム
が先に出たときに比べて命名が速くなる結果がある。

　この他，**カテゴリー化課題**（categorization task）においてもプラ
イミング効果が得られる。例えば，ターゲットの単語を動物かどう
かで分類する課題である。ターゲットが「いぬ」の場合は "yes"，
「いし」の場合は "no" である。このときプライムとしてターゲッ
トに意味的に関係のある「さんぽ」というプライム単語が提示され
たときのほうが，意味的に関係のない「てすと」というプライム単
語が提示されたときに比べて，ターゲットの分類が速くなる。いず
れにしてもこの課題は，記憶検索（retrieval）が問題となる。我々
がこのような課題を行うときに，直接貯蔵されてきた記憶材料を思
い出そうとしているのではない。しかし，間接的に関係のある材料

－ 47 －

が与えられると，それに関係した材料を使用することが速くなる。このとき，思い出せ，と直接言われているわけではない。しかし，記憶が関係している。

我々が本を読むとき，日本語を読むときと英語を読むときのスピードを考えると，日本語のほうがおそらく速いはずである。日本語の場合，すらすらと読むことができるのはプライミング効果の例である。プライミング効果は，現代の認知心理学でよく使われる課題である。

ここで注意することは，材料が言語材料であるということであり，その点では，行動主義を乗り越えている。しかし，ターゲットに対する反応のスピード（反応時間；reaction time: RT）を調べているということは，行動主義でいう客観性が得られている。そして言語材料を使うときは，使用頻度のデータベースを使って研究がされる。それによって行動主義のいう過去経験の効果をできるだけ客観的に統制することができる。

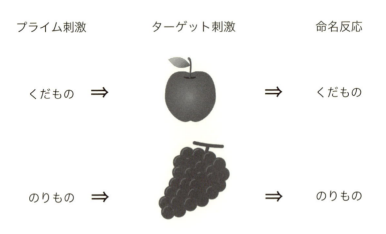

図 3-2　プライミング課題

4．長期記憶

　このような研究が行われるようになって，長期記憶の研究がす
すむようになった。**エピソード記憶**（episodic memory）と**意味記憶**
（semantic memory）と**手続き記憶**（procedural memory）の区別があ
るが，それらがシステム的に別の記憶と考えるのではなく，現在で
は統一的に考えることが一般的になってきた。

　以下，具体的に言語の学習（英語）と技能習得を例にして考えて
みよう。授業で英語を習った場合を考える。

　エピソード記憶というのは，個人に与えられる記憶材料との出
会いである。記憶しなければならないという必要性（デマンドとい
う）は必ずしも関係がない。エピソードとして記憶に与えられる。
この場合，出会いの回数が問題になる。また出会いの反復も問題と
なる。よく言われることであるが，授業の予習，復習が大事だとい
うことである。授業が終わった直後は，そのときに生じた出来事を
思い出すことができる。反復が多いほど，時間間隔が短いほど記憶
の定着がよい。経験的に皆さんが知っているとおり，授業が終わっ
てノートを見る。あるいは，教科書を読むとそのときに教師がどの
ような話をしたのか，声の調子まで思い出すことができ，短時間に
記憶を残すことができる。エピソード記憶と言われている記憶であ
り，個人的な体験に関わる記憶である。例えば，「私は今朝水を飲
んだ」という記憶である。

　試験勉強で必要なのは，英作文に見られるように，ある程度時間

－49－

第一部　認知コントロールからみた心理学概論

をかけて文法に沿った形で英文を作文することである。つまり文法やルールに従って，英語を構成するような勉強をする。これは意味記憶と言われているものである。大学入試に必要なのはここまでの勉強であり，いわば考え，反省しながら知識を検索するということになる。この記憶は，一般的なルールや知識に関する記憶であり，「水は H_2O である」という知識に関する記憶であり，試験に求められるのはこの知識である。だから，エピソード記憶を意味記憶に構成する必要がある。

　成績の悪い学生ほど，自分のエピソード記憶と意味記憶の違いを自覚できていない場合が多い。例えば，試験の前の日に勉強したというエピード記憶があるので，勉強したという記憶があれば，そのまま内容（意味記憶）も大丈夫と思ってしまっている。勉強の出来，不出来の悲劇は，人間は自分の意味記憶状況が自覚できていないということにある。エピソードは，できるだけ新鮮なときに反復し，構造化しなければ意味記憶にならない。

　さらに，勉強はそれで終わらない。大学入試の英語は，意味記憶の段階までである。しかし，実際に使える英語のためには，それ以上に反復し，すぐに口から英語が出るまで練習する必要がある。このように，自覚なしに熟練した技能のレベルまで進んだ記憶を「手続き記憶」という。

　そして熟練するまでのプロセスを，手続き化という。手続き化が進むと，多くのステップで処理されたものが一度に検索できるようになる。

　わかりやすいように，暗算の例で考えることにする。

－50－

第三章　認知心理学

　幼稚園のころ，あるいは小学校の低学年のころ，一桁の足し算に苦労したということは，みなさんはきっと忘れてしまっているだろう。

　そこで，成人でもこのような暗算のプロセスをフォローするために，アルファベットの足し算が考えられている（Logan, 1988）。

　つまり，

A + 1 = B

B + 2 = D

というような計算である。

　このとき，やってみるとわかるが，Aの次はなにか，一つずつ指を折ってカウントして処理を行っていることに気づく。このような処理をアルゴリズムという。

　B + 2の場合は，C，DというようにカウントしてDに到達する。

　従って，F + 5 = という計算は困難になる。

　アルファベットにどのような数字を加算するかによって，答えに至るまでの時間が異なる。実際には，数式が以下のように与えられ，例えば，

　A + 1 = B のときは "yes"

　A + 2 = E のときは "no"

と，キーボードを使って答える反応時間をとる。

　すると，加算される数字に比例して反応時間が増加する。

－ 51 －

第一部　認知コントロールからみた心理学概論

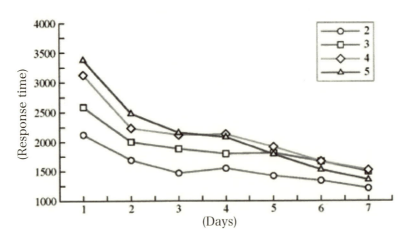

図 3-3　研究室で Logan の研究を追試したデータから

　図 3-4 の横軸は提示回数のログ座標である。四つのパネルは，加算される数が +2, +3, +4, +5 の場合である。また，それぞれのパネルには二つの直線がある。上の直線は平均反応時間（RT），下の直線は標準偏差（SD）に当てはめた直線である。式にどれだけ出会ったかの回数によって，べき関数に当てはまるとされている。
　べき関数 (power function) は，

$$RT = a + bN^{-c}$$

で表すことができる。RT は課題を行うのに必要な時間（反応時間）であり，N は練習試行の数であり，a，b，c は定数である。対数軸にプロットすると直線になる。

$$\log(RT-a) = \log(b) - c\log(N)$$

この式は，学習の対数―対数直線の法則（log–log linear law of learning）（Newell & Rosenbloom, 1981）として知られている。

この研究はすでにLogan（1988）で行われているが，提示回数と正しい反応の反応時間の当てはめは以下のとおりである。[6]

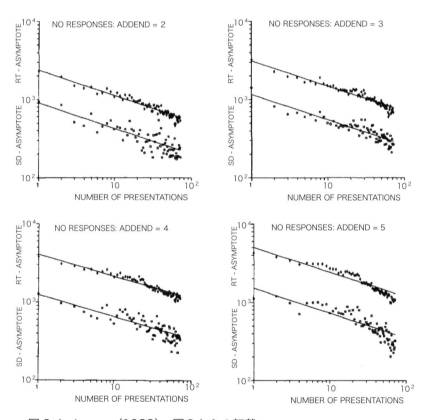

図3-4　Logan（1988）　図9からの転載

---

[6] 記憶に基づく処理をヒューリスティックと呼ぶ。人間の思考の様式として過去経験に基づいて，先に述べたようにアルゴリズムから熟練化に伴って変化する。

第一部　認知コントロールからみた心理学概論

　先に英会話の例で技能習得と手続き化の話をしたが，日本人の場合にもう一つの問題がある。それは日本語特有の音の体系である。我々は小学校に入学したときに「あいうえお」表を勉強する。

表3-1　「あいうえお」表

ん	わ	ら	や	ま	は	な	た	さ	か	あ
	り		み	ひ	に	ち	し	き	い	
	る	ゆ	む	ふ	ぬ	つ	す	く	う	
	れ		め	へ	ね	て	せ	け	え	
	を	ろ	よ	も	ほ	の	と	そ	こ	お

　我々日本人は何の疑問もなく，このような規則的な子音と母音の組み合わせを小学校，あるいは幼稚園の段階で習得し，いわば刷り込まれている。

　さらに具合の悪いことに，英語を勉強する前にローマ字を学ぶ。おそらく，アルファベットに慣れるという意味があるのだろう。

　そこで，勉強するのが，次ような規則正しい子音と母音の組み合わせのアルファベットで置き換えた「あいうえお表」である。

　わかりやすいように横書きにして表記する。[7]

7　縦書は明治以来使用されているが，中国では縦書の文書がないので，もうやめたらどうだろうか。さすがに原稿用紙のマス目に文字を入力する文化は消滅したようであるが，未だに印鑑は顕在であり（中国では消滅），枠の中に文書を書いていく文化は顕在であり，ワープロで文書を書くときに非常に時間がかかる。

第三章　認知心理学

表 3-2　アルファベットによる「あいうえお」表

	あ a	い i	う u	え e	お o
k	か ka	き ki	く ku	け ke	こ ko
s	さ sa	し si	す su	せ se	そ so
t	た ta	ち ti	つ tu	て te	と to
n	な na	に ni	ぬ nu	ね ne	の no
h	は ha	ひ hi	ふ hu	へ he	ほ ho
m	ま ma	み mi	む mu	め me	も mo
y	や ya		ゆ yu		よ yo
r	ら ra	り ra	る ru	れ re	ろ ro
w	わ wa				を wo

　そこでこのような規則正しい子音と母音の配列をもう一度刷り込まれることになる。ところで，世界の言語を調べると事情は違っている。中国での状況は表 3-3（次頁）のとおりである。

　子音と母音が均等に組み合わされているのではなく，組み合わせのないものが多くあることがわかる。これに比べて日本語の場合は，発音は極めて単純であるが，逆に，文字の表記体系は複雑である。ひらがな，カタカナ，漢字があり，我々は小学校で，文字を書くことに多くの時間を費やしている。

　このことは，コンピュータ入力（タイピング）のときに問題になる。日本語は子音と母音の組み合わせが均一であり，頑強である。特に発音のときに，拍構造（モーラという；持続時間が一定である）で発音する特異な構造をもっている。

　皆さんは意識していないが，外国人が日本語に慣れていても，発音が変だと感じることが多く，それは，このような拍がうまく発音

－55－

第一部　認知コントロールからみた心理学概論

表 3-3　中国語のアルファベット表記

子音\母音	a	o	e	i	u	ü
b	ba	bo	×	bi	bu	×
p	pa	po	×	pi	pu	×
m	ma	mo	me	mi	mu	×
f	fa	fo	×	fi	fu	×
d	da	×	de	di	du	×
t	ta	×	te	ti	tu	×
n	na	×	ne	ni	nu	×
l	la	lo	le	li	lu	lü
g	ga	×	ge	×	gu	×
k	ka	×	ke	×	ku	×
h	ha	×	he	×	hu	×
j	×	×	×	ji	×	jü
q	×	×	×	qi	×	qü
x	×	×	×	xi	×	xü
zh	zha	×	zhe	zhi	zhu	×
ch	cha	×	che	chi	chu	×
sh	sha	×	she	shi	shu	×
r	ra	×	re	ri	ru	×
z	za	×	ze	zi	zu	×
c	ca	×	ce	ci	cu	×
s	sa	×	se	si	su	×
y	ya	×	ye	yi	×	yü
w	wa	wo	×	×	wu	×

－ 56 －

第三章　認知心理学

できていないことが原因となっている。しりとりや俳句を例にとるとわかるが，リズムが一定でほとんど抑揚やアクセントがなく，子音母音の単位の音が一定時間で並ぶ。

このことで困ったことになるのは，外国語の発音と，日本語のコンピュータ入力である。現在文部科学省は，小学校でコンピュータを入力するときにローマ字入力を推奨している。従って，コンピュータのキーボードに慣れるのは，ローマ字を習得した後ということで，小学校5年生以降ということになる。

しかし，アメリカでは小学校2年生からタイピングの授業があり，指使いを守りキーボードを見ずに正確にタイピングできるようにトレーニングされている。

このようにキーボードを見ずにタイプできる能力を「タッチタイピング」（日本ではブラインドタッチと呼んでいる）と呼ぶが，アメリカの大学生は85％以上の学生がタッチタイピングができるのに対して，日本ではわずか15％くらいしかいない。

ローマ字に分解して入力するには，一音をわざわざ，子音と母音に分解する必要がある。たとえば，「か」という音を入力するとき「k」と「a」に分解する必要がある。つまり，ストローク数が二倍になるだけでなく，音を意識する必要が出てくる。

このことが，漢字をローマで入力するときに問題になる。漢字は表音文字でなく，ロゴグラフィック文字である。つまり形に基づく文字であり，直接音を表していない。認知神経科学（脳研究）の進歩により，漢字に習熟するほど音韻に関係する脳の部位が活性化しないことがわかっている。つまり，漢字の形を見るだけで発音することなく意味を活性化できるということを意味し，音に鈍感になっ

− 57 −

第一部　認知コントロールからみた心理学概論

ていくことを意味する。

　ところが，漢字を見てローマ字でタイプする場合は，子音と母音
に分解する追加的処理が必要である。そのことにも，日本人のタイ
ピング能力が劣る原因があるだろう。
「第二部　研究論文その２」がそのことを扱っている。

　p. 45 で述べた情報処理モデル（Atkinson & Shiffrin 1968）は，や
がて限界があることがわかってきた。注意の働きには選択が重要な
役割を果たしている。彼らのモデルでは，
「人間の情報処理システムの容量には限界があるため，すべての情
報を処理することができない。そこで注意によって情報を選択し
（選択的注意），その情報のみが短期記憶に入る」
　と考えられていた。

　そこで，この選択が情報処理システムのどこで行われているのか
について，1970 年代から 80 年代を通して盛んに議論された。最初
は，注意の選択はチャンネルの切り替えのようなものと考えられ
た。1950 年代にブロードベント（Broadbent）のモデルがあり，こ
のモデルは初期選択モデルと言われた。
　情報処理は流れ作業のようなものと考えられていた。物理的な環
境（刺激，物質，physical; 英語では物理的と身体的，両方を指す）を
下位，精神的働き（mind）を上位と考えることは伝統的な西洋的哲
学の背景では自明であり，今も我々の思考の枠組みを縛っている。
環境からの情報を処理することは，ボトムアップ的な処理（下から

－58－

第三章　認知心理学

上への処理）と言われることが，そのことを表している。

　初期選択モデルは，流れのはじめの部分に選択プロセスがあると
いう考えであるのに対して，後期選択モデルは，流れの後の方にあ
ると考える。初期は注意のプロセスはチャンネルの切り替え，な
いしフィルターのようなものだと考えていたのに対して，減衰や
動的に変動するというようなモデルが 1980 年代の中頃に出てきた
（Treisman）。

　このような選択的注意の考えに対して，根本的な疑問が現れたの
が，ネガティブプライミングの現象である（本書 p. 69 参照）。

　そのとき使われた課題がストループ課題であり，認知心理学で重
要な課題であることがわかってきた（第四章参照）。

－ 59 －

第一部　認知コントロールからみた心理学概論

文献

Eysenck, M. W., & Groome, D. (2015) *Cognitive Psychology; Revisiting The Classic Studies*. Sage Publications. 箱田裕司・行場次朗監訳 (2017)『古典で読み解く現代の認知心理学』北大路書房

第四章　コンフリクト課題としてのストループ課題

　今まで述べてきた認知心理学の動きをもっとも明確に表している
課題として，ストループ課題がある。この課題は，歴史的に見ても
心理学の成立の当初から始まり，現代の心理学においてますます重
要度が増している稀有の課題である。

　日本では，臨床検査として有名であるが，この課題は，健常な人
間の認知コントロールの指標として，極めて重要な課題である。こ
の課題は，エラー反応は極めて少ない。多くても，0.1% から 1%
くらいしかない。それにも関わらず，この課題が健常な成人の認知
コントロールの指標として，なぜ重要なのだろうか。それは複雑な
矛盾した環境に対して，マインドが課題を解決するのに時間を要す
る。つまり反応時間を長く要するという観点で，この課題がマイン
ドの働きをとらえているためである。つまり，我々のマインド，つ
まり頭の働きがいかにだめなのかではなく，複雑な課題が与えられ
たときに，その解決に時間を要するために，マインドの働きをとら
えているということがわかってきたのである。

　ストループ課題は，Stroop, J. R.（1935）の発表した論文に
基づいて命名されている。[8] Stroop は，*Journal of Experimental
Psychology* 誌にこの効果を発表した。1935 年というと，行動主義
全盛時代だった。しかし，彼が見出した効果は，ストループ効果と

8　本書では，課題の名前を表すときは，「ストループ」とカタカナ表記
を行い，人名の場合は Stroop と英文で表記する。

第一部　認知コントロールからみた心理学概論

して呼ばれるようになったが，この効果は，カラーの命名とワードの読みの反応時間の違いに基づいており，ヴント（Wundt）の指導によるキャッテル（Cattell）の反応時間研究に負っている（Cattell, 1886, p. 65）。

行動主義の提唱者のワトソン（Watson）はヴントの研究を批判したが，実際は，ヴントは反応時間の研究を行っているし，同じ時代のライプチヒ大学のフェヒナー（Fechner）は 1850 年代に心理物理的研究を行っている。つまり物理量と感覚量との関係を調べてきた。そのことは心理学の歴史のところで述べたとおりである。Stroop（1935）は現在 *Web of Science*[9] で最も多く引用される論文のうちの一つであり，しかも，最近になるほど引用数が増加している。図 4-1 は 1990 年までの引用数であるが，増加していることがわかる。最近はさらに引用数が増加している。

そして，認知心理学においてストループの名前は，課題として位置づけられた。認知心理学でこの課題を位置づけたのは，MacLeod（1991）のレビュー以降である。

我が国では，嶋田（1994）の書籍の中でストループ効果を認知心理学に位置付けている。

John Ridley Stroop は，Murfreesboro, Tennessee 近くで 1897 年 3 月 21 日に生まれた。彼のミドルネームは彼の両親が尊敬する牧師に起源がある。Stroop は六人兄弟の下から二番目として生まれ，幼児期以降まで生きるとは期待されていなかった。

9　トムソン・ロイター社のオンラインデータベースであり，科学研究の格付けに利用されている。

第四章　コンフリクト課題としてのストループ課題

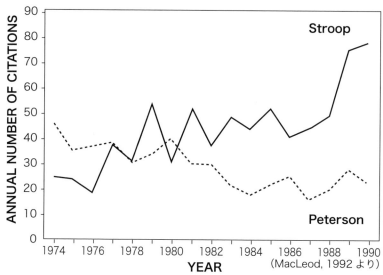

Peterson は Stroop の指導教授であるが年々引用数が下がっていったのに対して，逆に Stroop の引用数は増加している。

図4-1　1974年から1990年までの Stroop（1935）と Peterson and Peterson（1959）の論文の引用頻度（derived from the *Social Sciences Citation Index*）

　Stroop は Kitrell County School の小学校のトップで卒業し，Nashville 近郊の彼の家で教育を受けた。家は生涯に渡ってそこにあった。彼の後の教育の大部分，アカデミックなキャリアのほとんど全ては Nashville の David Lipscomb College（現在の David Lipscomb 大学）が中心だった。彼は1919年，David Lipscomb High School を卒業し，1921年に David Lipscomb Junior College の学位記を得た。そこで彼は卒業総代に選ばれた。

　Stroop は大学時代，Nashville の George Peabody College（現在 Vanderbilt 大学の一部）で過ごした。そこで，彼は1924年に学士の学位を受け，1925年に修士の学位，1933に博士（PhD）の学位を受けた。博士学位は教育心理学が副専攻（minor），教育学が選択科

第一部　認知コントロールからみた心理学概論

目（elective）をもつ実験心理学の学位だった。Stroop（1935b）の古典的論文は，彼の学位論文だった。それは Jesup Psychological Laboratory の中で Joseph Peterson によって指導を受けた。彼は American Psychological Association の元会長だった。Stroop は彼の課題を部分的に開発した。というのは，命名と読みの比較は，彼の個人差研究において Peterson の関心事だったからである（e.g., Peterson, Lanier, & Walker, 1925 参照）。

第四章　コンフリクト課題としてのストループ課題

1．なぜ重要な課題なのか？

　認知心理学では，参加者が実験を受ける場面を課題（task）と位置付ける。参加者はできるだけ，簡単に解決して，早く実験を終わらせようとする。それは問題解決そのものである。この課題は，言語を使っている。そして過去に十分練習したワードの読みを行うことが禁止される。そのことは，マインドの働きとしてコントロールを調べるのに最適である。

　しかし，そのことが認識されるようになったのは，ごく最近のことである。

　ストループ課題は，たいていの心理学の初心者用の教科書に現れる大変ポピュラーな課題である。以下のような彩色された色名単語が書かれており，ワードを読むのではなく，ワードに書かれた色を命名しなければならない。

※口絵1を参照のこと

　一度，試みに声に出して課題を受けてみよう。

　色がついていてもワードを読むのは簡単で，すらすら読めるだろう。

　しかし，ワードを読んではいけない。ワードが何色で彩色されているのかを答えなければならない。

第一部　認知コントロールからみた心理学概論

　答えるのに時間がかかることに気づくだろう。しかし，間違うことはない。

　要するに，マインドが問題を解決するのに時間がかかるということである。

　ここで用語の言い回しに混乱が生じるので，用語を整理しよう。

　英語では「カラーワード」というが，それは色名単語のことであって，彩色されている単語のことではなく，色名を指す単語のことである。つまり，「あか」，「あお」，「みどり」，「きいろ」であり，黒インクで書かれていてもカラーワードと言う。

　さらに，日本語では，「字を読む」とか「文字を読む」とかいうが，英語では「文字（letter や character）を読む」とは決して言わない。文字の集合であるワードを読むのであって文字を読むのではない。英語では発音できない文字があり，たとえば "eight" の "gh" は読まないのである。また一文字は意味がなく単なる記号である。例外は "a" であり，文字であるとともに単語でもある。

　我々は漢字は一文字ごとに意味があり，「文字を読むことができる」ために「文字を読む」というが，それはアルファベット圏の人々からは理解できない事柄である。

　Stroop（1935）の論文では，この効果の説明を「学習」で説明している。つまり，ワードの読み（word reading）は学校教育で非常に多く練習している。ところがこの課題では，ワードは読んではいけない。そして比較的学習していないカラーを命名しないといけない。

－66－

第四章　コンフリクト課題としてのストループ課題

　この課題の優れているのは，同じ位置に二つの情報（カラー情報とワード情報）が融合していることである。そして熟練した技能の使用を禁止されるということである。

　ストループが行った研究は，現在の心理学の研究から見るとかなり装置的な点では改良するべき研究であった。反応時間は一枚のシートに書かれた 100 個の刺激を声に出して反応した全体の時間をストップウォッチで測定するというものだった。

　色名単語（カラーワード）は以下の 5 種類が使われた。つまり，「あか」，「あお」，「みどり」，「ちゃいろ」，「むらさき」である。彩色されたカラーも同様に 5 種類だった。しかし，出現頻度は同じ確率で出現するように構成されていた。そのことは，後の研究で他の研究者たちが作成した個人差測定のためのカードに比べて十分統制されていた。

　その後，認知心理学の展開の中で，この課題の測定は改良されていった。毎回の反応時間を測定できるようにされた。それはコンピュータの開発によって，容易に反応時間が測定できることになったことと関係している。Stroop（1935）は色とワードとが意味的に不一致の条件のみを使用した。そして，カラーパッチのシートは，別のシートに印刷されていた。これに対して，試行ブロック内に，カラーとワードが意味的に一致した試行（一致試行），カラーパッチのみの試行（ニュートラル試行），カラーとワードが意味的に不一致な試行（不一致試行）を混在させて測定する方法が確立された（Darlymple-Alford, 1968）。それ以降，認知心理学で標準的に使用されているこの方法は，ストループパラダイムと言う。パラダイムと

第一部　認知コントロールからみた心理学概論

いう用語は，もともと，トマス・クーンの言うような科学的な方法
論（ニュートン力学とアインシュタインの相対性理論）の違いのよう
な大きい方法の変革を指してパラダイム変革というが，認知心理学
では，もっと限定した用法を使い，方法の集合体を指しており，研
究者が暗黙の方法として使用する場合をパラダイムという。スト
ループパラダイムとは，この方法が認知の抑制コントロールを測定
するときの方法として，研究者内で暗黙の了解を得ていることを指
している。一致試行が含められたことによって，不一致試行のと
きに，ニュートラル試行に比べて反応が遅れる効果をストループ干
渉効果と呼ぶことになった。これに対して，一致試行のときに，
ニュートラル試行に比べて反応が速くなるかどうかは，安定してい
ない。多くは，逆に遅くなることが示されている。速くなる場合
は，促進効果と呼ばれる。促進に比べて，抑制が明確であることか
ら，抑制コントロールが明確である証拠であるとされる。そして，
このような課題に対して，マインドが解決するのに要する時間が長
くなることが，マインドの働きの証拠だと考えられたのである。そ
して，エラーが少ないことは，マインド，つまり頭の働きがいかに
優れているのかの証拠だと考えられた。このことは，第一章で述べ
た「心理学がマインドを対象としている」ということと関係してい
る。これに対して，日本の研究者たちは，頭の働きがいかに間違っ
ているのかをとらえようとしているのではないかと，私には思えて
くる。

２．ストループ課題の認知心理学への寄与

　先に述べたように，熟練した技能を抑制しないといけない課題が
ほかに考えられないため，ストループ課題は認知心理学で重要な課
題になっている。特に注意理論に対して大きな貢献を行ってきた。

⑴ ネガティブプライミング
　この現象は，ティッパー（Tipper, 1985）が名付けた。この現象に
対して貢献したのはストループ課題である。先に述べた認知心理学
のボックスモデルでは，感覚記憶から短期記憶に流れる段階に注意
が位置し，多くの情報が選択を受け，不必要な情報が捨てさられる
と考えられてきた。いわば流れ図のように情報が流れることにな
る。

　ネガティブプライミングの現象はもともとダーリンプル - アル
フォード（Darlymple-Alford）によって 1960 年代に発見されていた。
しかし，明確な位置づけを行ったのは，ティッパーである。

　次のような試行系列に対して，ワードを無視して，カラー命名を
行う場合を考えてみよう。

第一部　認知コントロールからみた心理学概論

ネガティブプライミング系列

あか	あお	みどり	きいろ
きいろの文字	あか色の文字	あお色の文字	みどり色の文字
第1刺激	第2刺激	第3刺激	第4刺激

非ネガティブプライミング系列

あか	みどり	きいろ	あお
みどり色の文字	あお色の文字	あか色の文字	きいろの文字
第1刺激	第2刺激	第3刺激	第4刺激

※口絵2を参照のこと

　上のネガティブプライミング系列では，ワードの抑制した情報が次の刺激で反応するべきカラー刺激となって現れている。

　つまり，第1刺激では「あか」というワード情報が，第2刺激では反応するべきカラーとなっているので，参加者は第1刺激では「あか」は言ってはいけないのに対して，第2刺激では，「あか」という反応を行わなければならない。

　このような系列では反応時間が長くなることが見出された。

　このことを説明するには，注意で不必要となって捨てられたはずの情報が次の試行で覚えられている，と考えないと説明できない。

　つまり，注意によって選択されない情報は捨てられるというボックスモデルでは説明できない現象だということが分かった。このモデルは，急速に顧みられることがなくなった。

-70-

⑵ 注意と自動性は対立しない

1970 年代から 1980 年のはじめまでは，注意と自動性は対立すると考えられてきた。これに対して，自動性には注意が必要だということを明確に示したのはカーネマン（Kahneman）である。彼はノーベル経済学賞を受賞している。心理学がマインドの働きを調べる学問だと考えると不思議ではない。彼は興味が非常に広く人間の認知が確率的な意思決定を行うことを経済学で応用した。認知の基礎研究も行っている。そのときに使われたのはストループ課題である。

彼はストループのカラー次元とワード次元を空間的に分離した。もしもワード読みが注せずに読むことができるのであれば，ワード次元が空間的に分離されたとしても，ワードが自動的に読めるはずである。したがって，カラー次元とワード次元の空間的な分離は，ストループ効果には影響はないはずである。しかし，結果は，空間的に分離すると，ストループ効果は低下した。

⑶ 熟練した処理のスピードの説明の間違い

ワード読みが熟練しているので，処理が速く行われる。このことは，ヴントの研究以来，Stroop においても行われてきた。しかし，コンピュータ技術の展開によって，ワード情報とカラー情報の提示を空間的に分離するだけでなく，時間的に分離する研究手法が開発された。この研究はグレーサーとグレーサー（Glaser & Glaser; 1982）によって行われた。

すでに Stroop（1935）がこの説明でワードの読みが過剰に学習さ

第一部　認知コントロールからみた心理学概論

れているために，ストループ効果が生じると考えられていた。

　提示の開始をずらして提示する方法によって，処理スピードの遅いカラー情報をワード情報に比べて先に提示することができたなら，ストループ干渉は低下するはずである。またワード情報の提示がカラー情報の提示に先行して行われると，ストループ干渉が増加するはずである。つまり，先に述べたストループ刺激提示の空間的分離と並んで時間的分離を行うという方法を使う方法である。このように，ストループ課題は提示方法の改良によって，効果の詳しい処理がわかってきたのである。

　しかし，結果は，同時に提示したときに大きいことが示された。処理のスピードで，ストループ効果を生じさせているのでないことが分かった。

　このような時間的な分離を行うときに調べられるのは，提示時間提示開始のずれである。これを stimulus onset asynchrony といい，略して SOA と呼ぶ。この研究を行った Glaser たちの貢献は大きい。

⑷ 課題切り替え（task switching）

　ストループ課題は，ワード次元とカラー次元の二つの情報が融合していて，参加者はカラーを命名することが求められる。しかし，ワードを読むことも潜在的に可能である。1990 年代の半ばに，ストループ刺激を使って，カラー命名とワードの読みを試行ごとに切り替えたときに反応の遅れが生じることが研究された。その中で，このような切り替えが，マインドの高次のコントロールに関係する

第四章　コンフリクト課題としてのストループ課題

ことが分かってきた。

　ワードの読みとカラー命名との間で生じる潜在的なコンフリクト（課題コンフリクト）が重要だということが現在提起されている。

　この研究は，1990年代の後半から2000年代の前半まで盛んに行われた。その口火を切ったのが，オルポート（Allport）らのストループ刺激を使った研究である。すでにStroopは，この効果が，ワードの読みの練習の過剰な学習によって生じることに気づいていた。そこで，Stroop（1935）の研究の第3実験では，逆にカラーの命名を十分行ったときに，ワードの読みがカラーから影響を受けるかどうかを調べた。1週間，カラー命名を行った後で，色とワードの不一致の刺激（ストループ刺激）に対して，ワード読みを行った。最初の数試行では確かに，不一致のカラーによってワードの読みは遅れたがすぐに消えた。

　このようにストループの不一致刺激は，潜在的にカラー命名とワード読みのどちらかの反応を行うか，二種類の反応が考えられる。今4色のストループ刺激を考えよう。

　刺激のワードは「あか」「あお」「みどり」「きいろ」であり，カラーも「あか」「あお」「みどり」「きいろ」である。反応も，口頭の場合，ワード反応は「あか」「あお」「みどり」「きいろ」，カラー反応は「あか」「あお」「みどり」「きいろ」である。

　つまり，刺激も反応もその要素は共通している。ワード読み，カラー命名のどちらを行うのかは，刺激と反応で決まるのではなく，どちらを反応するのかは<u>課題で決まる</u>。つまり，ワード読み課題とカラー命名課題である。

－73－

第一部　認知コントロールからみた心理学概論

　Allport たちは，ワード読みを試行ブロック単位で行った後にカラー命名を行ったときと，カラー命名を行った後でワード読みを行ったときを比較した。このようなブロック単位の比較を行ったり，試行単位で切り替えたりする方法を使った。彼らは，課題を切り替えたときに反応が遅くなることを見出し，スイッチコストと呼んだ。

　そしてパラドックスな効果を見出した。つまり，ワードの読みからカラーの命名に切り替えたときと，カラーの命名からワードの読みに切り替えたときを比較すると，カラー命名からワード読みに切り替えたときのほうが反応時間が遅れることを見出した。

　ワード読みとカラー命名の反応時間は，繰り返し述べているように，ワード読みの方がカラー命名に比べてスピードが速い。しかし，簡単なはずのワード読みに，困難なカラー命名から切り替えたときに反応が遅くなることを見出したのである。

　彼らは，カラーを命名するときに，マインドがワードの読みを抑制していると考えた。そして，ワードを読まないといけないときに，そのマインドの抑制コントロールの働きが持続するのだと考えた。つまり，ネガティブプライミングの課題バージョンである。

　その後，課題切り替えの研究は，連交代，手がかり切り替えの方法が導入され，研究が洗練されていった。

　嶋田（1994）は手がかり切り替えをストループ課題に導入したときに，ワード読みの口頭反応で逆ストループ効果が明確に現れ，その効果がストループ効果の量に等しいことを見出した。

－74－

⑸ 試行間の関係によって認知コントロールの精密な測定と脳内の部位の測定が行われた

　不一致試行の後に不一致試行が続くときに，後の不一致試行の反応時間が短くなることが分かってきた。ボトヴィニック（Botvinick）らは不一致試行が提示されたときに生じるコンフリクトを脳内の ACC（前帯状皮質）で検出されその後の不一致試行で，コントロールが働き，それが前頭前野で抑制コントロールが働くことを fMRI の測定によって見出した。この理論をコンフリクトモニタリング理論という（Botvinick ら，2001）。

　この結果は多くの論争を引き起こした。そして，未だに論争が続いている。

⑹ 反応時間分布分析

　ヴントの時代から，反応時間の計測は行われてきた。しかし，現在では，反応時間をより精密に測定することが可能になった。反応時間には負の時間はなく，右に裾野が長いので，正規分布と指数分布の畳み込みだという ex-Gaussian 分布のパラメータの解析が行われている。

⑺ ワード読みについて　音読と黙読とタイピング

　先にストループ課題を経験してもらったときに，ワード読みはどの色でワードが書かれていなくてもすらすら読めるということが分かった。

　つまり，カラーの命名は，ワードの読みからマイナスの影響を受けるのに対して，ワードの読みはカラー命名から影響を受けない。

第一部　認知コントロールからみた心理学概論

このような効果の非対称性があるので，説明が複雑になっている
が，さらに説明を困難にしているのは，ワード次元に対して，ボタ
ンで反応を行ったときには，ワードの音読では見られない，カラー
からの干渉が見られるということである。

第四章　コンフリクト課題としてのストループ課題

3．マインドのコントロールが問題になる

　ここで重要なのは，ストループ課題ではエラーが問題にならないということである。つまりエラーはほとんど生じない。もし生じたとしても1％以下である。

　マインドの働きは強力であり，矛盾した課題を解決することができるが，そのために解決に時間がかかるということである。そのことは，少なくとも海外の研究では解決時間，つまり反応時間が問題になり，エラーは問題にはならないことがわかっている。つまり，研究者たちは人間の頭の働きがいかに優れているのかをさぐろうとしている。つまり，コントロールの働きである。

　日本の学会発表で感じるのは，マインドがどのように体や感情によって妨害を受けているのか，マインドがコントロールできない状況を探ろうと，研究者が一生懸命に調べているように感じる。つまりマインドの働き，つまり頭の働きがいかにうまく働かないのかをとらえようとしている，と私には感じられる。そして，「ハート」，つまり「身体」の要求に負けてしまっている現実をとらえようとしている，とも思える。しかし，毎年のように欧米の学会Psychonomic Society に出席していて感じるのは，人間のマインドに対する研究者たちの信頼である。つまり，どちらかというと，人間は感情をどのようにコントロールできているのか，またどのようにしたらうまく身体をコントロールできるかを問題にしている。つまり，マインドに対する信頼が基本的にある。これは文化的な背景だろうと思われる。そして，日本の研究者たちは，非常に難しいこ

－77－

とを探ろうとしてもがいているのではないか。おそらく研究の方向性が180度異なっているのではないかと思えるのである。

　第一章で書いたとおり，「ハート」という言葉に引きずられて，感情をダイレクトに調べたり，人間が環境の要求に対してコントロールできないというような非常に困難なテーマに取り組んでいる研究者が見られるが，そのため私には，研究者のテーマ設定が難しすぎると感じる。

文献

嶋田博行 (1994)『ストループ効果－認知心理学からのアプローチ』培風館

嶋田博行訳 (2017)「注意 II　Stroop (1935) による色名単語干渉現象を超えて」- アイゼンク & グルーム編　箱田裕司・行場次朗 監訳『古典で読み解く現代の認知心理学』第6章 所収，北大路書房

第五章　認知コントロール

　ここで，内外の認知コントロール研究について述べる。この章の概要を知るとき，我が国の研究で「心理学が heart も研究対象とする」と信じられている心理学の現状と海外の研究の対比が浮き彫りになるはずである。

　どの程度この領域の研究が行われているのか，海外と国内で比較してみた。一例として，心理学の基礎領域，実験領域の学会であるPsychonomic Society の年次総会について述べてみる。

　2016 年第 57 回総会では，「認知コントロール」の括りの発表件数は 61 件あり，全体の 1 ％を占めている。また「ワーキングメモリーの認知コントロール」というセッションが新たに設けられた。また，2016 年第 56 回年次総会でも 75 件の発表があった。

　これに対して我が国の日本心理学会ではほんの少し，数件研究発表が散見される程度である。

「認知コントロール」の最新の研究レビューはすでに前章で述べたので，ここでは，その中でもマインドがどのようにコントロールしているのかがわかるような記述を心掛けた。必ずしも正確に記述できていないかもしれないが，方向付けができるように心掛けた。

　コンフリクト課題は，マインドが課題をどのように解決しているのかを行う機能を調べるのに最適である。コンフリクト課題は，ストループ課題以外に，**サイモン課題**（Simon task: Simon, 1990)，エリクソンらの**フランカー課題**（Franker task: Eriksen & Eriksen,

第一部　認知コントロールからみた心理学概論

1974) がある。コンフリクトの解決は，認知コントロールの中でも中心的な位置にあるのは間違いない。

　サイモン課題では，実験参加者は一般に左右の二つのボタン押しで反応が求められる。問題となるのは視覚刺激の左右の提示位置であるが，実験参加者にはそのことが問題になっていることがわからないように，別の次元（例えば色）に注目するようにされる。例えば，視覚刺激として色が塗りつぶされた円が左右どちらかに提示され，位置に関係なく，円が赤い場合にはすぐに左ボタンで反応するように求められ，円が緑の場合には右のボタンで反応するように求められる。このとき，視覚刺激の提示位置が左ボタンに対応しているとき，つまり，画面の左側に提示されたときの方が反応が速くなるということが見られる。同様に右ボタン押し反応は，刺激提示が画面の右側に行われたときに速くなる。

　この効果が注目されたのは，ストループ効果と，後に述べるフランカー効果との関連性を脳研究で調べたボトヴィニックらの研究以降である。ボトヴィニック

　またフランカー課題は，flanker という「脇にある (flank)」の動詞から派生しており，エリクソンら（Eriksen, B. A., & Eriksen, C. W.）の名前をつけてエリクソン課題とも呼ばれる。

　図に示すように，一例として，画面に右向きの矢印が，三つ表示されたとする。一つの条件では，すべて同じ方向を向いている。しかし他の条件では，中央の矢印と周りの矢印が異なっている。参加者に求められるのは，中央の矢印の向きと対応するキーボードで反応することである。周りの矢印と中央の矢印が異なるとき，周りの矢印を無視して中央の矢印だけに注意しないといけない。当然であ

- 80 -

るが，三つの矢印がすべて同じ方向を向いているとき，反応に該当するキーが必ず与えられているため，矢印の反応は速くなる。

図 5-1　フランカー刺激

　この課題は，グラットン（Gratton）らによって注意の絞り込みで説明されたため，注目を受けることになった。また先に述べるように，ストループ効果とサイモン効果と同様の効果が脳研究で得られたため，認知コントロールの指標として注目を受けるようになっている。

10　なお，厳密に言うと，一致刺激ではなく，コンパチブル刺激，不一致刺激ではなく，非コンパチブル刺激と名付けられている。そのことは後で触れる。

第一部　認知コントロールからみた心理学概論

1．グラットン効果と時系列効果（コンフリクト適応効果）

この認知コントロールの研究が大きく進展したのは，研究者の名前でよばれる**グラットン効果**の研究に負う部分が大きい（Gratton, Coles, & Donchin, 1992）。

グラットン効果は，**継時的モジュレーション**，あるいは**コンフリクト適応効果**，**継時的コンパチビリティ効果**とも呼ばれ，**一致性効果**，**比率一致性効果**，**試行間の継時的効果**，**認知的適応効果**のような多くの関連研究で用いられている。どのように名称を使うかで研究者の立場がわかるので注意されたい。

例えば「コンフリクト適応効果」という言葉を使うときには，すでに先行試行のコンフリクトをマインドのコントロールによって解決されていると捉えられる。従って，次にもう一度，コンフリクト刺激に出会ったときに解決時間が速まる，ということが捉えられている[11]。

また，これらのコンフリクト課題のうち，ストループ課題，サイモン課題，フランカー課題のうちのどの課題を好んで使用するかも，研究者によって異なっている。これらの課題をすべて使用する研究者（Botvinick ら）もいるが，どれかの課題を好んで使用する研究者もいる。

11　なお，単なる試行間効果あるいは試行間の継時効果という言葉を使う研究者もいるが何らかのマインドのコントロール機能が学習とともに働くと考えている。

－82－

2. 一致性効果とコンパチブル効果

　しかし，これらの課題をすべて**一致性効果**（congruency effect）としてまとめて論じる研究者も多くいる（例えば，Botvinick, Braver, Barch, Carter, & Cohen, 2001; Botvinick, Cohen, & Carter, 2004; Botvinick, Nystrom, Fessel, Carter, & Cohen, 1999）。

　しかし，もっとも典型的な効果は，今まで本書で繰り返し述べてきた**ストループ課題**でみられる。この課題のもっとも一般的な課題は，**色名単語ストループ課題**であり，**一致刺激**あるいは**一致条件**のとき，つまり，色と単語の意味が一致しているときの方（赤色で「あか」と書かれているときに，赤と反応する）が，**不一致条件**あるいは**不一致刺激**（赤色で「みどり」と書かれている刺激に，赤と反応する）の方に比べて反応時間が短い。同様にこの効果は，サイモン課題やフランカー課題では，**コンパチブル刺激，コンパチブル条件**の方が，**非コンパチブル刺激**や**非コンパチブル条件**に比べて反応時間が短い。この場合もまとめて一致性効果とよばれることもあるが，別に**コンパチビリティ効果**とよばれる場合もある（Kornblum, Hasbroucq, & Osman, 1990）。ここではコンパチビリティと呼ぶが，あえて日本語に直すと互換的ということになる。つまり一致に比べると，似ているということを強調する呼び方である。次元の**オーバーラップ**で**コンパチビリティ**を定義する仕方があるサイモン課題の場合は，空間的な左右に刺激が提示されるが，被験者（実験参加者）に求められるのは，位置とは無関係な色についての判断である。そして，左右のどちらのキーか反応が求められる。例えば，赤

い刺激が出現したときに左のキーで反応し，緑色の刺激が出現したときに右のキーで反応するように求められたとき，赤い刺激が左に提示されたとき（左キーで反応）の方が，右に提示されたとき（右キーで反応）に比べて反応時間が短くなる。前者は**コンパチブル試行**，**コンパチブル条件**，あるいは対応あり条件（corresponding condition）とよばれ，後者は，非コンパチブル試行，非コンパチブル条件，あるいは**対応なし条件**とよばれる。コンパチブルという用語が使用されるのは，左側という空間的位置に刺激とキーの配置とで互換性があるからである。同様に，**対応試行**（corresponding trial），**非対応試行**（noncorresponding trials）とよばれることがある（Akçay & Hazeltine, 2008）。エリクソンの**フランカー課題**の場合も，基本的にコンパチビリティ効果とよばれることが多い。しかし，先に述べたように，理論的に見てストループ課題，サイモン課題，フランカー課題で得られる効果を同じ効果と見なす立場の研究者たちは，これらをまとめて**一致性効果**とよんでいる（Botvinick, Braver, Barch, Carter, & Cohen, 2001; Botvinick, Cohen, & Carter, 2004; Botvinick, Nystrom, Fessel, Carter, & Cohen, 1999）。

　試行間の関係を捉える**コンフリクト適応効果**を述べる前に，もっと中立的な立場に立つことにしよう。

　この分野の研究は，ローガンとズブロドッフ（Logan & Zbrodoff, 1979）のストループ効果の比率一致性効果のストラテジーによる変動の実験によるところが大きいため，ローガンとズブロドッフの研究を最初に述べる。

　彼らは，トップダウンのストラテジーによるコントロールが，比

第五章　認知コントロール

率一致性効果に関係していることに着目した。

　その後，**グラットン効果**として有名なグラットンらの研究（Gratton, Coles, & Donchin, 1992）を述べることにする。

第一部　認知コントロールからみた心理学概論

3．コンフリクト効果と比率一致性効果

ローガンとズブロドッフ（Logan & Zbrodoff）は**ストループライク**（Stroop-like）パラダイムを使って，最初に比率一致性効果を研究した。なお，比率一致性効果は最近になって命名されており，ローガンたち，あるいはグラットンの頃にはそのような名称がなかったことに注意してほしい。

比率一致性効果とは，もともとストループ課題で見出された。最初にこれを見出したのは，空間ストループ課題とカラーワードストループ課題を使った，ローガンとズブロドッフ（Logan & Zbrodoff, 1979）だった。

ローガンとズブロドッフ（1979）の研究を述べることから始める。彼らは，ストループライク課題として，上下の位置に提示される，「above」と「below」のワードが，例えば，上の位置に出現したときは左に割り当てられたキーで反応するように被験者（実験参加者）に求めた。同様に，下の位置に出現したときは，右に割り当てられたキーで反応するように求めた。なお，残り半数の被験者（実験参加者）は逆の配置で反応するようにされた。ここで重要なことは，ブロック単位（ブロックワイズ：block-wise）で一致率を操作したことである。ある場合には，一致（つまり「above」が上の位置に提示される；「below」が下の位置に提示される）の割合が80%，不一致（「above」が下；「below」が上に提示される）の割合が20%の高一致条件と，逆に，一致が20%，不一致が80%の不一致条件とを比較した。その結果，一致性の逆転効果を見出した。

− 86 −

第五章　認知コントロール

　同様の比率一致性効果は，グラットンらによってもフランカー課題を用いて見出された。グラットンら（1992）の研究は，今述べたローガンとズブロドッフ（1979）のアイディアをさらに詳細に課題，理論，測定の面で基礎づけた。彼らの研究の重要性は以下の四つにまとめることができる。

　第1に，課題である。ストループライク課題ではなく，エリクソンの**フランカー課題**（Eriksen & Eriksen, 1974）を用いることによってスピードレースモデルを明確化した。

　第2に，ストラテジーとしてのトップダウンコントロールは，被験者（実験参加者）に一致率を試行ブロックの前に明示的に伝えることによって，明確化した。

　第3に，反応時間だけでなく，生理的指標を多く用いることによって，反応の最終的な結果だけでなく，途中経過を含めて捉えることができた。

　第4は，いわゆる**グラットン効果**として知られる試行間の**継時的効果**を見出し，それらを彼らのスピードレースモデルとマインドのストラテジーによるトップダウンコントロールで統一的に説明したことにある。

－ 87 －

4．試行間の継時的効果としてのグラットン効果

しかし，**グラットン効果**として後に注目されるようになったのは，グラットンが試行間の継時的効果を見出したからである。比率一致性効果が現れる原因が，時系列の二つの試行間の継時的効果によって現れることを確かめ，比率一致性効果とコンフリクト効果を統一的に説明した。つまり，二つの連続する試行を，試行 $n–1$ と試行 n と表現すると，試行 $n–1$ が非コンパチブル（incompatible: IC と表記）のときその後試行 n が非コンパチブルである場合（試行間の関係を IC–IC と表記する），試行 $n–1$ がコンパチブル（C）でありその後試行 n が非コンパチブルであるとき（C–IC）に比べると，反応時間が短くなることを見出した。

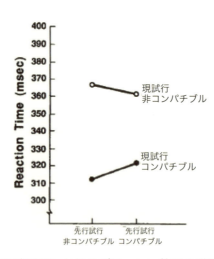

図 5-2　平均反応時間におけるグラットン効果の説明
(Gratton ら, 1992) 図 1 より

5．グラットン効果のその後の展開：コンフリクト適応効果

　グラットン効果の適応的な側面に注目して，グラットン効果は別名，**コンフリクト適応効果**とよばれることがある。この場合，試行間の効果に着目し，先行試行でコンフリクトを検出したときに，その直後の試行でマインドのコントロールが働くと考える考え方を指している（Botvinick, Braver, Barch, Carter, & Cohen, 2001）。

　コンフリクト適応効果とは，不一致刺激が不一致試行の直後に生じるとき（IC–IC），干渉効果の低下が生じることを指している。つまり，試行 $n–1$ で不一致試行を受けた場合に次の試行 n で不一致試行をもう一度受けたとき（IC–IC）の反応時間と，試行 $n–1$ で不一致だったときにその後の試行 n で一致試行が生じるとき（IC–C）の反応時間の差は，試行 $n–1$ で一致試行だったときに試行 n が不一致だったときの生じる反応時間（C–IC）と試行 $n–1$ で一致試行だったときに試行 n が一致だったときに（C–C）生じる反応時間の差に比べると，小さくなるという効果のことである。このコンフリクト適応効果は，もっと中立的な用語として，**継時的モジュレーション**（sequential modulation）や**継時的コンパチビリティ効果**（sequential compatibility effect）ともよばれる（前者は Akçay & Hazeltine, 2008; 後者は Cho, Orr, Cohen, & Carter, 2009）の用語である。

　これらの継時的モジュレーション効果は，ストループ，サイモン，フランカー課題等の一致性課題で見られる全般的な一致性効果そのものの発生メカニズムと同一だという考え（**コンフリクトモニタリング説**）があるからである。これらの研究者にとってコン

第一部　認知コントロールからみた心理学概論

フリクト適応効果は，一致性効果の説明原理でもある（Botvinick, Braver, Barch, Carter, & Cohen, 2001; Kunde & Wühr, 2006; Notebaert, Gevers, Verbruggen, & Liefooghe, 2006; Ridderinkhof, Ullsperger, Crone, & Nieuwenhuis, 2004; Stürmer, Leuthold, Soetens, Schröter, & Sommer, 2002）。その理由は，これらの継時的な効果は，継時的な認知コントロールだけでなく，比率一致性効果やストループ効果そのものが説明できると考えるからである。そして，試行 n でのコンフリクトの解決の努力を行うことは，被験者（実験参加者）に，後の試行の注意コントロールの変化をもたらすからである。

　その代表的な説は，**コンフリクトモニタリング理論**（Botvinick et al., 2001）である。ここでは不一致試行における反応コンフリクトが重要である。このことをめぐって現在激しい論争が展開されている。しかし，この理論は文献の中では優勢な説であり，直観的に理解しやすい。この説では，不一致試行を行うと，反応競合としての反応コンフリクトが，大脳の前帯状回（ACC）によって検出される（コンフリクトモニタリング段階）。その後，認知的コントロールとして働く**背外側前頭前野**（dorsolateral prefrontal area）に中継される。この部位は，システムに，不一致情報を，効果的にフィルターをかけて阻止するようにする（Botvinick et al., 2001）。このような仮定は，ストループ，サイモン，フランカー課題に共通の一般的なコンフリクト適応効果を捉えていると考える。

6. エラー検出後の遅れ（ラビット効果）としての 認知コントロールの証拠

エラー反応が行われると，その後の試行で反応時間が遅くなるという現象が古くから知られている（Laming, 1968; Rabbitt, 1966）。通常，**ラビット効果**（Rabbitt effect）として知られている。エラー後に反応時間が増加するとともに，エラー率が減少する。コンフリクトモニタリング説においても前帯状回（ACC）の活性化が，スピードを要する課題のエラーが反応コンフリクトと関係しているということを述べている（Botvinick et al., 2004）。

しかし，ラビット（Rabbitt, 1966）がこの現象を最初に見出した。彼は単純なライトの選択反応課題を行い，4選択課題と10選択課題について，正反応とエラー反応の潜時，及びエラー訂正反応の潜時とエラー後の反応の潜時を調べた。いささか古い結果であるが重要なので図示する（図5-3）。

第一部　認知コントロールからみた心理学概論

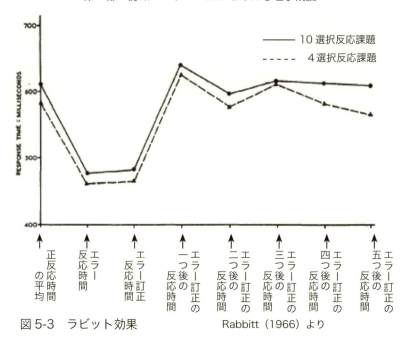

図5-3　ラビット効果　　　　　　Rabbitt (1966) より

　ラビットの結果によると，条件1（10選択）では，正反応の**潜時**（latencies）に比べてエラー反応潜時は短く，エラー潜時とエラー訂正潜時は等しかった。またエラー訂正後の最初の反応時間は長くなり，他のどの反応時間よりも長くなった。エラー訂正後2試行後から5試行後は，正反応と変わりがなかった。

　条件2（4選択）では，エラー反応とエラー訂正反応はやはり他のすべての正反応に比べて速かった。エラー訂正後の最初の反応は，正反応の平均値に比べて遅かったが，エラー訂正後の他の反応の潜時は，正反応時間の平均潜時と違いがなかった。

　エラー率は，10選択では3.7%であり，4選択では1.4%だった。

　エラーを検出すると，その後，マインドが課題解決に慎重にな

り，その結果反応時間が長くなるということが得られている。

　これらのエラーの研究は，現代のタイプライティングの研究や
ストップ信号パラダイムに影響を与えている（例えば，Crump &
Logan, 2011; Bissett & Logan, 2011）。

　ボトヴィニックら（Botvinick & Cohen, 2004）はコンフリクトモ
ニタリングとエラーモニタリングとの関係を論じている。それらは
別の働きなのか，相互排他的なのか，それらの間を調整できるの
か。ボトヴィニックとその仲間たちは，コントロールを必要とする
ときに，コンフリクトが情報源として有用である。環境からの無関
係な情報が関連情報の処理と干渉しているときは，常にコンフリク
トが生じる。そしてゆえに，コントロールされた処理が必要かどう
かの良好な指標を提供すると考えた。

　しかし，グラットン効果でラビット効果を調べるときに，コンフ
リクトの検出とエラー検出が混合してしまっていることと，エラー
率がかなり少ない（5%以下）ため，エラー反応の潜時と，エラー
訂正後の潜時を詳しく調べることに限界がある。

　そこで大きく注目されるのは次に述べるストップ信号パラダイム
である。この場合，エラー率は基本的に50%だからである。以下
でそのことについて述べることにする。

7. 反応の強制的中断と
エラー反応としてのストップ信号パラダイム

　突然の行動の抑制[12]を実際に直接調べる方法として，ストップ信号パラダイムがある。ストップ信号パラダイム (Lappin & Eriksen, 1966; Logan, 1994; Logan & Cowan, 1984) は，行動の抑制に関わる認知的コントロールの指標である。ここでは行動の抑制をコントロールとして捉える独特のパラダイムである。この課題では，被験者（実験参加者）は，スピード化された選択反応時間 (CRT) 課題を実行しなければならない。刺激が提示されてから反応するまでに，まれに（通常試行の 25% で）**ストップ信号**（反応の中止の合図：通常は信号音）が提示される。ストップ信号が提示されると，被験者（実験参加者）は行おうとしている反応を中止（ストップ）しなければならない。視覚的刺激が提示された直後にストップ信号（音）が提示された場合は（短いストップ信号遅延：Stop-signal delay: SSD; go 信号と stop 信号の提示間隔），被験者（実験参加者）は行おうとしていた反応を抑制することができる。しかし，反対に，刺激が提示されてかなり経ってからストップ信号が提示された場合は，出力しようしていた反応の直前にストップ信号が提示されることになるため（ストップディレイが十分長いとき），被験者（実験参加者）は反応をストップ（中止）させることができず，反応してしま

12　抑制は，認知心理学では，努力を要する抑制と自動的抑制が区別されている (Nigg, 2000)。このパラダイムは，基本的に行動の抑制であるため，MacLeod (2007a, b) の批判 (1.9) に抵触しないことも強みである。MacLeod の本のカバーに Logan が推薦文を書いているくらいである。

第五章　認知コントロール

うだろう。過去の研究によると，ストップ信号が出現したとき，反応のストップが成功したときも失敗したときもともに，その後の試行で反応の減速（長い反応時間 RT）が生じることを見出してきた（Verbruggen & Logan, 2008a, b）。

　このパラダイムは，ストップ信号の提示時間が，被験者（実験参加者）ごとに予め変動され，50% 成功する時間が捉えられ，その時間でストップ信号が提示される（追跡手続き）。つまり，そのとき，概念的にはエラー率は 50% であり，go プロセスと stop プロセスがスピードレースを行っているとして捉えられる。つまり，stop プロセスが go プロセスの前に終わっていると，反応を抑制することができる（**信号抑制試行：signal inhibit**）。逆に，go プロセスが stop プロセスの以前に実行されていると，反応してしまう（**信号応答試行：signal response**）。このとき，先に述べたラビット効果が現れるかどうか，またコンフリクト適応効果を調べることは，重要な意味を持っている。この課題では，被験者が頭（マインド）の働きとしてストラテジックに goRT を加速させたり減速させたりすることによって，反応の中止（stopping）と反応の続行（going）のスピードレースにバイアスをかけることができると考えられている。被験者（実験参加者）が goRT（続行反応時間）を加速させると，抑制確率が減少する（素早く反応すると，ストップ信号が出たときに反応を抑制できない確率が増加する）。逆に goRT（続行反応時間）を減速させると，抑制確率が増加する（慎重にゆっくり反応すると，ストップ信号が出たときに抑制できる確率が増加する）。また実際に，手がかりを与えることによって，数試行先に出現するストップ信号を予想できるようにすると，前もって出現することが予想できると

－95－

きに，反応をストラテジックに変化できるかどうかがフェアブルッゲンとローガン（Verbruggen & Logan, 2009）によって調べられている。

　課題間の関係を調べた研究に，フェアブルッゲン，リーフーゲ，ヴァンデーレンドンク（Verbruggen, Liefooghe, & Vandierendonck, 2004）の研究がある。彼らはストップ信号パラダイムを，ストループ課題とフランカー課題に適用した。そして，ストップ信号課題で測定される行動抑制と，フランカー課題やストループ課題で測定される干渉コントロールがどのような関係にあるのかを探った。第1実験では，ストップ信号パラダイムがフランカー課題と組み合わされた。第2実験ではストップ信号パラダイムがストループのマニュアルバージョンと組み合わされた。その結果，実験1では通常のコンフリクト効果が見られた。つまりディストラクターがターゲットと一致しているときは，反応が速く，不一致のときには反応の抑制が困難だった。しかし，不一致ディストラクターが反応セットを構成しているかどうかは，反応のストップには影響をもたらさなかった。第2実験では，比率一致性が変動させられた。ストップ信号課題とストループ課題に交互作用がみられた。ストループ課題が反応の抑制の操作として考えている論者がいるためである（e.g. Miyake et al., 2000）。彼らはこの交互作用を，干渉コントロールと行動抑制との交互作用として説明できると考えた。

　最近，ビセットとローガン（Bissett & Logan, 2011）はこの課題を使って，ストップ信号が出た後の次の試行で反応時間が遅れる現象（ストップ信号後の減速）の原因を探った。行動抑制コントロール後に続く反応を調べることによって，この現象がまさにコンフリクト

第五章　認知コントロール

適応効果であると考えることができるかが問題になる。というのは，ストップ信号パラダイムでは，go 反応と stop 反応がコンフリクトを起こしているからである。そしてその結果を，コンフリクト適応効果や比率一致性効果に当てはめ，コンフリクトモニタリング説に対する反証を提供している[13]。

13　実際には，コンフリクトモニタリング説以外の四つの仮説を含めて検討されている。

8．熟練技能の階層的コントロール　タイピング

　本書の中で多くの箇所で紹介してきたのは，ローガン（G. D. Logan）の研究である。例えばストップ信号課題やストループ課題の研究について行ってきた。ここで述べる研究は，我々神戸大学のチームと彼ら Vanderbilt 大学の研究チームが共同で行った研究であり，YouTube や Vanderbilt 大学の広報でも大きく取り上げられた研究である。欧米では我々とは異なり，アルファベットという音標文字を使い，文字は簡単な記号であるため，元来書字が重視されない傾向がある。それに対して我が国では，小学校教育で，最初に習うのは読み書きであり，書字の教育に多くの時間が費やされる。「第二部　研究論文その２」でも述べているが，我が国の学生のタイピング能力は非常に低く，アメリカが85%であるのに対して，わずか15%くらいである。

　ローガンたちがタイピングを使って捉えたのは，タイピングという熟練技能に関する認知コントロールである。このコントロールは以下のような階層的なコントロールからなっている。つまり，下位のコントロールと上位のコントロールに２層構造になっているということである。下位のコントロールは内的ループと呼ばれ，指の運動のコントロールを行うが，非常に素早く行われる指の運動であり，コンピュータのキーを入力するとき，熟練していくと指を見ずに，タッチタイピング（ブラインドタッチ）できるようになるが，そのとき，非常に速く指が動くので，一つ一つの運動を自覚することはできない。そして，一連の運動の塊として（チャンキング）実

第五章　認知コントロール

行する。例えば，素早い運動，ピアノの速いパッセージや，アイススケートの4回転ジャンプは，人間は一つ一つを自覚することはできない。[14]つまり，動作の始まりと終わりだけを自覚し，一連の動作はチャンクとして塊にして実行する。

　このような自覚しない指の一連の運動に関するマインドが行うコントロールのことを「内的ループ」という。これに対して，「何をコンピュータで入力するのか」，それを指の運動に伝えるマインドの働きを「外的ループ」と呼んでいる。ピアノの場合では，何を弾くのか，全体の曲想に関するコントロールである。当然速いパッセージの運動は，予め膨大な練習が必要になるが，実際に弾くときには一つ一つの鍵盤の押し方について自覚することはできない。

　つまりこのことは，熟練技能のコントロールであり，現在認知心理学で研究されているのは，熟練に至る自動性をどのようにコントロールするのかである。ストループ課題は，抑制コントロールを捉えていると述べたが，細かい運動をマインドがどのように捉えているのかについても，研究がされている。

　タイピングの研究が優れているのは，以下の事柄を明確に捉えることができるからである。

1．出力が限られていること。つまり，キーボードに制約があり，しかもキー押しと指の関係の対応が一定になっている。

2．反応時間が明確に捉えることができる。つまりキー押し時間がデジタル量として，オン時間とオフ時間が明確に捉えられる。

14　自覚するまでに200m秒要することがわかってきている。従って，ピアノで1秒間に5回以上鍵盤を押すパッセージを弾くとき，ピアニストは1回ずつの鍵盤押しを自覚できない。

第一部　認知コントロールからみた心理学概論

　またピアノと違って、鍵盤の押し方やペダリングなどの複雑な指標とは無関係に、明確に研究を行うことができる。
　このような二つのコントロールがあることを、もともと私が調べていた。つまり、コンピュータのキー入力に熟練した学生に、キーボードの配置を書いてもらったときにほとんど覚えていないということを捉えていたのである。そのことをローガンと一緒に研究し、アメリカで膨大なデータを取ってくれたことにより、この研究は、今では海外の教科書にも掲載される研究になっている（*Cognitive Psychology: A Student's Handbook*, Seventh Edition, 2015, p. 236）。

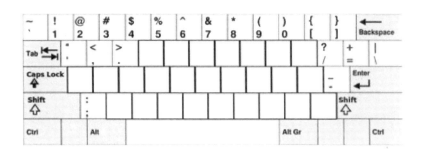

図 5-4　研究で用いた空白のキーボード
　　　（Snyder, Ashitaka, Shimada, Ulrich, & Logan, 2014）

　参加者は空欄にキーの名前を埋めるように求められる。
　熟練していても、日米ともに、50％くらいしか、正しいキーの名前を書くことができなかった。
　タイプするとき、一つ一つのキートップの文字を自覚しているのではない。つまりタイピングは内的ループで行っているということ

第五章　認知コントロール

である。このような素早い一連の動きが記憶の中に技能として蓄積されていくということがわかってきた。

「第二部　研究論文その２」は，日本人学生がタイピングの技能が低い原因がローマ字入力にあるのではないかを捉えた研究である（Ashitaka & Shimada, 2014）。

　素早い動作を塊として記憶に入れていく，このことをチャンキングというが，そのことが技能の熟練化にとって重要であると述べた。

　ところが，我が国では一般にコンピュータのキーボード入力がローマ字入力で行われている。そのとき使用されるのは，子音と母音の分解である。

　学習プロセスを明確に捉えるために，キーホードを八つだけに限定し，さらに入力するべき単語を二つのひらがなから構成される単語にし，一つのひらがなが常に「子音＋母音」になるように構成した。従って，二つのひらがなであるため，「子音＋母音＋子音＋母音」を入力することになる。

　実験参加者には，画面にはひらがなのみが提示され，参加者はそれを子音と母音に分解して，キーボード入力した。

　すると，参加者は一つの単語あたり４回キーを押すことになるが，タイプするときの時間は，第１ひらがなの子音と母音の間の時間間隔に比べて，第１ひらがなの「母音」と次の第２ひらがなの「子音」の間の時間間隔が長くなり，子音と母音とで塊としてチャンキングしているが，四つのキー押しのチャンキングがなかなか習得できていないことがわかった。

－101－

第一部　認知コントロールからみた心理学概論

　このことは，ローマ字入力の問題点を浮き彫りにしており，第三章で日本語の音韻構造を述べたが，ひらがなのような音標文字の子音と母音の日本語のシラブル（持続音一定の拍）としての頑強さからみてかな入力がのぞましいことがわかる。

第五章　認知コントロール

9.　人間の判断ミスの原因

　先に，人間の熟練化，手続き化のことをアルファベットの足し算を例にして述べた。そしてこのような自動化は言語について行われる。ストループ課題では，自動化された処理を抑制コントロールできることを述べた。そのような解決は十分マインドで行うことができるが解決時間を要するため，反応時間が長くなる。エラーはほとんどない。

　しかし，人間が行う思考や判断には熟練に伴った効率化に基づく判断のミスがあることも事実である。それは先に述べたヒューリスティックに基づく思考である。

　つまり，経験知あるいは過去の記憶に基づく思考様式のことである。我々の思考は過去の経験に基づいた思考を行う。それは将棋やチェスの場合，特にゲームの開始のところで，人工知能が総当たりでチェックを行う「アルゴリズム」を使うのと対照的である（p. 51参照）。

　人間の判断ミスは熟練によって，効率化され過去の経験からでは起こりえないという結論を引き出す。例えば，部品の劣化が通常ならこの程度では進まないという判断が過去経験で行われる。しかし，劣化が通常よりも早く進行していた場合はその判断はミスを誘発する。

　このとき，判断に有効なのは，総当たりで行う「人工知能によるアルゴリズム」である。

　今後，AI の進歩が期待され，高速で処理が行えるようになるた

－103－

め，経験知に基づくヒューリスティックに比べて遜色ない処理スピードが期待されるだろう。したがって，ヒューリスティックの経験知とともに，このようなアルゴリズムを活用することによって，熟練者の判断ミスを予防することが可能になるであろう。

文献

Snyder, K. M., Ashitaka, Y., Shimada, H., Ulrich, J. E., & Logan, G. D. (2014). What skilled typists don't know about the QWERTY keyboard. *Attention, Perception & Psychophysics, 76*, 162–171. doi:10.3758/s13414-013-0548-4

Eysenck, M. W., & Keane, M. T. (2015). *Cognitive Psychology: A Student's Handbook,* Seventh Edition, Psychology Press, London.

嶋田博行・芦高勇気（2012）『認知コントロール：認知心理学の基礎研究から教育・臨床の応用をめざして』培風館（本書は研究レビューを扱っており，本章で扱かった文献が掲載されている）

第二部

研究論文

研究論文その1

日本における非アカデミックな概念の文化的背景：
心理学の導入教育への意義

オープンアクセス取得により，原文（英語）からの日本語翻訳

Ashitaka, Y. & Shimada, H. (2014).

The cultural background of the non-academic concept of psychology in
Japan: Its implications for introductory education in psychology.

International Journal of Psychology, online first. doi:10.1002/ijop.12021

第二部　研究論文

要　約

　心理学の理解が文化間で異なると広く信じられているにも関わらず，西洋文化以外の心理学に関する非アカデミックな概念（潜在理論）を実証的に調べた研究はこれまでなかった。本研究は，心理学の経験のない日本の学生が心理学の非アカデミックな概念が，他の諸国の学生によって捉えられている概念と違っているのかどうかを問題にした。日本では，「psychology」は「心理学」と呼ばれている。心理学は「心」，文字的な意味は「heart」の表意文字を含んでいる。この事実から，心理学が不釣り合いに，日本人の学生の中で感情に連想があるだろうという仮説が立てられた。確かに，日本人の学生の結果は，Ｊ曲線を描いていた。そのことは，我々の予想が正しかったことを示している。我々はこの問題が日本において今まで論じられていなかった理由が，大部分の人々が心理学とは何かのこの概念を共有しているためだと考える。第２の研究で，我々は心理学の連想語が，知性か感情のどちらが優勢かを調べただけでなく，ハートかマインドの連想語を調べた。最後に，我々は，学生が心理学がハートもマインドも両方扱うと信じている事実をとらえた。我々は日本における初心者の心理学教育において，学生の心理学の非アカデミックな概念を顕在的に明らかにすることの重要性の議論を最後に行う。

－108－

研究論文その1　日本における非アカデミックな概念の文化的背景

本　文

　クロス文化的な研究は，自己と知性の概念に関してめざましい進歩を見せてきた（e.g., Chen, 1994; Markus & Kitayama, 1998）。数多くの研究が非アカデミックなレベルの知能や人格の概念を潜在理論として調べてきたとしても（e.g., Sternberg, Conway, Ketron, & Bernstein, 1981），我々が知る限り，アカデミックな学問として「心理学が何なのか」に関する概念（心理学の潜在理論）そのものに焦点を当てた研究は今までにない。アカデミックな心理学の経験を欠く非西洋諸国の人々によって持たれる非アカデミック心理学の概念は，文化固有だろうと予想される。というのは，アカデミックな心理学は，事実，19世紀の西洋の国で設立され，他の国々に導入されたからである。それは東洋の国々でも例外ではない。そして多くの研究は，パーソナリティや人間関係に関して西洋と東洋の概念の違いを捉えてきた（e.g., Berry, Poortinga, Segall, & Dasen, 2002; Guthrie & Bennett, 1971）。ゆえに，アカデミックな心理学を公的にトレーニングされていない人々がもつ非アカデミックな心理学の概念は，基底的な文化的な違いを示す可能性がある。これらの食い違いのため，心理学の導入教育の講義でこれらの国々の大学生に心理学を導入するときに困難をもたらすであろう。というのは，これらの学生は，アカデミックな心理学と異なった心理学の文化固有の理解を行う可能性がある。したがって，導入心理学授業の教師が，これらの文化間の違いを自覚し，扱うべきである。

第二部　研究論文

本研究

　本研究では，日本におけるアカデミックな心理学の学習をしていない初級心理学授業の学生たちの心理学の理解が，他の国々の理解とどのように異なっているのかを調べた。日本人の学生に特有な考えの自覚と知識があれば，導入心理学の授業で，学生にアカデミックな心理学の概念をより効果的に導入できるであろう。

　日本では，「psychology」のワードは，三つの漢字「心理学」(Chinese characters /shi.N.ri.ga.ku/)[15]からなるワードである。中国語キャラクターは基本的に表意スクリプトであるため，各キャラクターは固有の意味を有する。さらに，中国語キャラクターの大部分は主として，象形文字から派生している。「心理学」というワードは，「心」「理」「学」の各文字からなっている。「理」と「学」には問題はない。それらはそれぞれ，ロジックと学問を指している。しかし，「心」は，「heart」を指しており（体の中の大きい赤い器官），その臓器を表す象形文字から派生している。

　なぜ，いつ，「psychology」が「心理学」という用語に翻訳されたのかという問題は，それ自身，日本の心理学に関する他の重要な問題を示唆する（e.g., Nishikawa, 1995）が，それは本研究のスコープを超えている。さらに，「心理学」という用語は，同じ中国語キャラクターを共有する他の国々（e.g., 中国）に，日本から輸出

───────────────

15　音韻ユニットとしてのこのモーラの表記は，Hino, Kusunose, Lupker, & Jared (2013) による方法に従う。それとは別に，/N/ の前にピリオド (.) のない別の表記方法がある（Verdonschot, Kiyama, Tamaoka, Kinoshita, La Heij, & Schiller, 2011），それは /N/ の特殊性を強調している。

－110－

されている。それらの国では，「psychology」はやはり「心理学」と呼ばれている。「心」が，体の大きい赤い器官（心臓）としての英語の辞書的な定義として「heart」を一般的に指すことにだれも異論はない。さらに，アカデミックな心理学が「mind」を扱うため，「心」もまた英和辞典，和英辞典で「mind」として扱われている（e.g., Kunihiro & Konishi, 1993）。ただし，「heart」と「mind」は辞書的な定義では対極的な概念と考えられている。「心」という用語は，日本語の内包の代表であるとしても，そして，the "heart", "soul", "spirit" and "mind" をまたがっているとしても，人々は，特に初心者の場合アカデミックな心理学の特別な知識を持たない限り，心を「heart」であると文字的に最初に解釈するだろう。「心」という用語は，英語の「heart」としてコアとセンターの意味を有する。しかし，この問題は，単なる言葉の問題だけでなく，もっと深い文化的意味を持っている可能性がある。最近，水野（2011）は約600名の心理学を専攻する日本人学生をターゲットにして，興味深い連想頻度表調査を行った。この研究では，「心」を含むターゲットワードが提示され，提示された手がかりのそれぞれに連想する三つのワードを学生に書かせた。その結果，「心」から最も強く連想される単語は，「心臓」（身体の大きい赤い器官としての「heart」）だった。「mind」のような知的な概念は，「心」に関する連想語として全く現れなかった。

　もう一つの問題は，日本語の表記体系である。それがさらに問題を複雑にしている。日本語の漢字には二種類の読みがある。つまり，音読み（漢字文字の中国語読み）と訓読み（ネイティブの日本語の読み）がある。さらに，日本語は表意スクリプトとしての漢字

第二部　研究論文

だけでなく，シラブルスクリプトとしてのひらがなとカタカナという二種類がある（see Leong & Tamaoka, 1998）。これらのスクリプトは，日本語言語の音韻的ユニットとしてシラブル（モーラ）を表している（e.g., Tamaoka & Makioka, 2004）。前者は，日本語固有の発音で用いられるのに対して，後者は，西洋諸国から輸入されたワードの発音で主として用いられる。例えば，日本語漢字で単独の「心」は，音読みでは /shi.N/（中国語読み），訓読みで /ko.ko.ro/ と発音される。日本人は一般的に，音読みで /shi.N/ の意味を理解することはできない。言い換えると，心理学のようなフレーズ，または二つ以上の文字が話しワードとして提示されない限り，この発音が古い中国語から発しているため，「心」/shi.N/ は一般的に音読み（中国語読み）で単独では現れない。さらに日本語漢字，「心」の発音（訓読み）としての /ko.ko.ro/ は，ひらがなシラビックスクリプトで「こころ」と表記される。日本語の漢字「心」の訓読みの発音としての /ko.ko.ro/ はひらがなシラビックスクリプトで，「こころ」と表記される。こころ /ko.ko.ro/ は日本人固有の伝統的な文化に基づいており，知的な合理的な「mind」には関係せず，むしろ全体的な「heart（wholeheartedness）」に関係している。「こころ」は，主体によってコントロールされない自然な感情状態が強調される。さらに日本人は，通常，他者との理想的なコミュニケーションは主体のコントロールや説明のない感情の自然な相互理解（i.e., heart-to-heart communication）に関係すると考える。その理由は，長い間狭い島々の中で個々の民族的グループの範囲内で歴史的な安定性があったからである（see Markus & Kitayama, 1991, for interdependent self）。漢字の文字「心」は，日本のこどもたちが小

－112－

研究論文その1　日本における非アカデミックな概念の文化的背景

学校1年生で学習する基本ワードである。

　ゆえに，日本の心理学の導入の教科書は，「こころ」または「心」を含むタイトルが非常に多くみられる。日本の書籍タイトルに関して，「心理学とこころ」をグーグルサーチしてみると，26,400ヒットした。これらの結果からみて，日本固有の「こころ」の概念の自覚のなさが明らかになる。このことは，導入心理学学生だけでなく，一般に，心理学の顕在的な定義が与えられない心理学コースの日本の学生にも当てはまる。ゆえに，もしも，日本人の学生が心理学を情緒と強く連想していると考える場合，心理学が一般的に感情に関係するとしても，この考えはメンタルコントロールの欠如した日本人の伝統的な文化的概念，つまり「こころ」の概念の現れである可能性がある。

　本研究での我々の目的は，日本の大学での導入心理学教育に関係するこれらの文化的な問題を扱うことだった。日本では，導入心理学授業をとる学生は，アカデミックな心理学のコアの概念を把握するのに困難を経験している。その理由は，心理学が，あらかじめ「こころまたは心」の概念と連想しているためである。導入の学生は英語で教育を受けることはまれである。そして彼らは，心理学について日本語だけで学習する。ゆえに，学生の個人の学力レベルによって，日本語の辞書の中で定義される「psychology」の概念の理解に影響を与えている可能性がある。[16]

　本論文で我々は，日本人の学生に見られる非アカデミックな概念

16　日本では，大学の入学試験において求められる学力は，入学試験に基づく偏差値（Tスコア）として指標である。本研究で使用された国立大学のスコアは，約60から70であったのに対して，私立大学のスコアは45から55だった。

第二部　研究論文

（潜在理論）の特殊性を解明しようとしてデザインした，二つの研究を報告する。

　研究1は，日本人学生と他の国々の学生との心理学の概念の文化間比較を問題にした。

　研究2では，日本人の導入学生が，「心理学」から連想する概念として，「知能」か「感情」のどちらを選ぶかを調べた。確かに，知能は，「mind」と連想していると考えられ，感情は「heart」に連想していると考えられる。さらに別の調査では，直接，日本人学生が「心理学」から強く連想するのは，「heart」と「mind」のどちらなのかを調べた。

研究1 心理学の非アカデミック概念の国際比較

　本研究では，導入コースの日本人学生と他の国々の学生とで心理学の概念の文化間比較を実施するためにリッカートタイプ尺度を用いた（e.g., Lee, Jones, Mineyama, & Zhang, 2002）。彼らのだれも心理学の講義を受けたことがなかった。この方法は，5件法あるいは7件法を使用する問題と文化的な問題について批判されてきたとはいえ（e.g., Chun, Campbell, & Yoo, 1974; Heine, Lehman, Peng, & Greenholtz, 2002），「心理学」というワードそれ自身が，他の国々の学生の言語に翻訳されているため，我々は，心理学概念について直接質問を行うことはできなかった。したがって，この方法が完全ではないにせよ，これが少なくともこのトピックを扱う最良の方法である。このような国際比較は心理学に関する予め選択された連想語を使ってはじめて可能である。というのは，もし自由連想法を使用するとなると，膨大な連想ワードが産出され，さらに問題を混乱させるからである。

　リッカート尺度に伴う統計学的問題に関して，先行研究は母集団の正規性と分散の均一性に基づく統計検定が不十分なデータしか産出しないと論じてきた（Nanna & Sawilowsky, 1998, p. 56）。というのは，リッカート尺度は，順序尺度を利用し，連続量ではなく離散量を扱うためである（e.g., 1から5段階，または1から7段階；see Floyd & Widaman, 1995）。NannaとSawilowskyが指摘したのは，同様の議論で，順序尺度で測定されるデータはノンパラメトリック統計を用いて分析するべきということである。彼らは，リッカー

第二部　研究論文

トデータが Wilcoxon rank-sum 検定を用いるときの方が，パラメトリック統計としての t 検定に比べて，強い検定力を産出するという証拠を見出した。我々はこの指摘に従い，順序尺度としてリッカート尺度を使った。

　我々は，日本の学生の非アカデミックな心理学の概念が，他の国々に比べて感情に有意な強調を表すかどうかを調べた。本研究で日本と他の国々の文化間の比較を行うため，心理学の非アカデミックな概念に関する質問紙調査を実施した。我々は，心理学概念に関するリッカート尺度の反応データを順序尺度として扱ったとき，日本人の学生の評定が「heart」から受ける連想傾向の歪んだ分布を表すだろうと期待した。

方　法

参加者

　この研究の参加者はさまざまな国（日本 259 名；トルコ 89 名；中国 22 名，その他の国々 85 名，その中には，インド，中東諸国とアフリカ諸国を含んでいる）であるが，そのだれも心理学の専攻ではなかった。参加にあたって，以前に心理学に関するなんらかの講義に参加したことがあってはいけなかった。彼らは，日本と中国を除いて，船員学校に所属していた。日本の参加者は，二つの一般大学（学力レベルの関数としての一つは国立大学，一つは私立大学）の新入生で，中国からの参加者は，日本の大学で学んでいる中華人民共和国（PRC）の留学生だった。比較的少数のため，中国の参加者と日本の参加者が，共通の表意文字を共有する場合のみ，比較された。

－ 116 －

研究論文その1　日本における非アカデミックな概念の文化的背景

材料と手続き

参加者は，質問紙を完成させた。質問紙は5件法のリッカート尺度上の16項目からなっていた。

参加者は以下の質問を問われた。

あなたは「psychology」というワードを読むとき，すぐにどのワードがあなたの「mind」に思い浮かびますか？　連想の程度に従って，適切なボックスをチェックしてください。

リッカート項目の対象となる連想語は，動物，情報，言語，勉強，宗教，感情，遊び，思考，超能力，対人関係，文学，こども，大脳，工学，コンピュータ，感覚だった。項目の順序は，回答者によってカウンターバランスされた。

リッカート項目は，(1) 全く不同意　(2) 不同意　(3) どちらでもない　(4) 同意　(5) 全く同意を含んでいた。

日本と中国では，質問紙は，それぞれ日本語と中国語で書かれていた。

結果と議論

我々は，三つの国の各連想語について平均値（標準誤差つき），標準偏差（SD）と最頻値（モード）だけでなく，分布パターンを表す歪度と尖度も計算した（オンラインサプリメント材料参照）。

次に，我々は各項目について正規分布からサンプルの評定分布がどの程度偏っているのかを調べた。リッカート尺度が順序尺度なので，我々は，正規性仮説に基づいて，特殊な分布を決める五つの以下の基準を採用した。つまり，

第二部　研究論文

(1) 平均値が5件法で4以上または2以下であること（そのことは最大値または最小値に近いことを意味している）

(2) 最頻値が5または1であること（尺度の最大値または最小値を表している）

(3) *SD*が.1以下であること（分散の極端な少なさを表している）

(4) 歪度が+1以上または−1以下であること（マイナスサインは低いスコアが左の裾野に向かって平均値を引っ張っている分布を表している［ネガティブに歪んだ分布］；プラスのサインは右の裾野を表している［右に歪んだ分布］）

(5) 尖度の絶対値が1以上であること[17]。

　我々は，以下のようにこれらの規準に対応する項目を抽出した（サプリメントオンライン材料における表A1では，基準のそれぞれに対応している数値をボールドで表現している）。すべての項目，すべての国を通して，日本における一つの項目（感情）だけがこれらすべての規準を満たしていた。この項目（感情）の場合，

平均値：4.54　　　　　最頻値：5　　　　　*SD*：.660

歪度：−1.47　　　　　尖度：2.21

だった。

　トルコと他の国の場合は，

平均値：3.99／4.04　　最頻値：4／4　　　*SD*：.947／.786

歪度：−.80／−.64　　尖度：.58／.31

だった。

───────────

17　正規分布の尖度は通常ゼロとして扱われる。ゆえに，我々は尖度の絶対値が1以上として，正規分布からの偏位についての基準を定義した。

− 118 −

研究論文その1　日本における非アカデミックな概念の文化的背景

　これらの結果は，トルコと他の国々の学生に比べて，日本人の学生の特異性を示している（図1）。

　Wilcoxon rank-sum 検定を行うと，日本人のサンプルのこの発見がトルコと他の国々と比べて極端に統計的に異なっていたことを表した（$p < .001$; $p < .001$; 日本対トルコおよび日本対他の国々）。同じノンパラメトリック検定を用いて我々は，トルコと他の国々とに有意な違いがないことを見出した（$p > .05$）。

　さらに，日本人学生のサンプル間（国立大学，私立大学）の違いを調べた（図2）。図2が示すように，両サンプルともに極端に負に歪んだ分布が見られた。国立大学と私立大学では，それぞれ平均値は4.68，4.44であり，最頻値5と5であり，標準偏差は.588と.694であり，歪度は –2.22 と –1.10 であり，尖度は6.26と.90だった。Wilcoxon rank-sum 検定によると，二つのサンプル間に有意な差があった（$p < .01$）。大学入試で高い学力が求められる国立大学のほぼすべての参加者（97.3%）は心理学の連想語として「感情」を，リッカート尺度で4または5として評定した。これに対して私立大学の学生の方が，評定が少なかった（91.2%）。これらの発見で示唆されることは知的レベルの高い者ほど，辞書的な定義ができるため，歪みに表意的な辞書定義が影響していたことである。さらに詳しくこのことを調べるために，中国人学生からのデータについて同じ分析を行った（$n = 22$）。というのは，二つの言語（日本語と中国語）が表意スクリプトを共有しているためである。期待したとおり，感情についてのリッカート得点の分布は日本人の分布に似ていた。平均4.04，最頻値5，標準偏差1.107，歪度 –1.19，尖度1.17だった（図1）。

第二部　研究論文

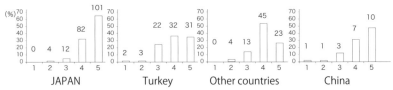

横軸は5件法としてのリッカート得点を表している（本文参照）。
縦軸はそれぞれ与えられたサンプル数に対する与えられた率と，バーの上の数字は，そのカテゴリーを選んだ参加者の数を表す。

図1　研究1における心理学から連想される「感情」の評定分布

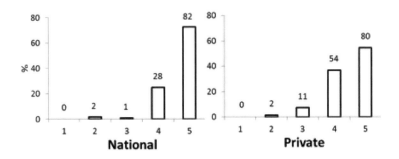

図2　研究1における日本のサンプルについての，大学のタイプごと（国立大学 vs. 私立大学）の「psychology」の連想語としての「感情」の評定分布

研究論文その1　日本における非アカデミックな概念の文化的背景

研究2

研究1は，日本人の参加者の心理学から連想される「感情」の極端に歪んだ分布が他の国々に比べて著しいことを表した。同様の傾向は，中国人の留学生にも現れた。それに加えてこの傾向は，日本人学生の中で，高度な入学試験レベルのグループの方が，低レベルのグループに比べてさらに著しかった。これらの結果から示唆されるのは，この用語を「psychology」とどれだけ強く学生が連想するかは，「heart」としての「心」の（日本語の）辞書的定義が大きいほど影響が大きいということである。しかし厳密に言うと，日本人と中国人は母国語で調査を受け，その他の国は英語で調査を受けたため，英語への翻訳の問題の可能性が残された。

そこで研究2では，日本人新入生の調査を実施し，その中で参加者は，英語の「heart」と「mind」の定義を日本語で説明を受けた後，「heart」か「mind」のどちらが「psychology」と密接に連想しているのかを示すように求められた（質問B）。別の調査で我々は，「psychology」が「heart」と「mind」両方を扱うのか，あるいはこれらの構成要素の一つだけを扱うのか，直接問うた（質問C）。

方　法

参加者

599名の学生が，研究1と同じ母集団から選択された。

しかし，彼らのだれも研究1に参加しなかった（国立大学，私立大学それぞれ195名と404名の日本の学生）。

第二部　研究論文

参加者のだれも

　　　・心理学専攻ではなかった。

　　　・今までに公的な心理学授業に参加したことはなかった。

材料と手続き

参加者は三つのグループに分けられた。

(1) 質問Aは国立大学の学生（$n = 195$）

(2) 質問Bは私立大学の学生（$n = 270$）

(3) 質問Cは私立大学の学生（$n = 134$）

質問A。

この質問紙は日本語で以下の二つの質問からなっていた。

> (1) あなたは心理学から知能または感情のどちらを連想します
> か？
>
> (2) あなたは TV プログラム，または本から心理学についてなん
> らかの知識を得たことかありますか？

質問B

この質問紙は，日本語で以下の質問からなっていた。

> 「heart」は我々が制御できない心の感情的な部分であるのに
> 対して，「mind」は認知処理や言語習得と関連する心の知的な
> 部分を構成します。心理学というワードで主に連想するのは，
> 「heart」と「mind」のどちらか評定してください。

－122－

この質問は，英語における僅かな違いを扱っている。ゆえに，質問に先立って，日本語での英語ワードの「heart」と「mind」の背景的な説明を必要とする。というのは，日本人学生は英語でこれらのワードを十分理解しないためである。

質問C。

この質問紙は，最後の質問を除いて質問Bと同一だった。変化は以下のとおりだった。

> 心理学は「heart」または「mind」のどちらかを扱うと考えますか？　それとも，心理学は「heart」と「mind」の両方に関与していると考えますか？　もしもあなたが前者に合意するなら，「heart」と「mind」のどちらに多く関係しますか？

結果と議論

我々は質問Aに対する二つの答えを検討した。

これらの参加者のうち86名は，TVプログラムまたは本から心理学について知識を得たと報告した。学生の大部分（82.1%）は「psychology」から強く連想するのは，感情だと選択した〔$\chi^2(1)$ = 80.1, $p < .001$〕。それは心理学の知識を主にTVプログラムや本から得ていたことと無関係だった〔$\chi^2(1) = .29, p > .05$〕。これらのデータはさらに，「psychology」から連想される「heart」の非アカデミックな概念がその表意的な辞書定義にもとづいて導入心理学学生の中に広く行き渡っているという我々の発見を強化する。

我々は，質問紙Bからデータを集めた。

第二部　研究論文

　我々は回答なし，及び妥当でない答えを除いた（$n = 30$）。統計的分析が実施され，残りの参加者（$n = 240$）のデータを調べた。144 名の参加者は「mind」を選択し（60%），96 名の学生は「heart」(40%) を選択した。「mind」を選択した学生の方が「heart」を選んだ学生に比べて多かったとは言え（$\chi^2 (1) = 9.60$, $p < .01$），我々は60% が「mind」を選んだという発見に注目する。そのことが示唆しているのは，英語ワードの「mind」の背景の定義が「mind」と「psychology」との強い連想を学生に与えていたということである。

　さらに重要なことに，質問紙Cは，日本人の参加者特有の結果を表した。回答なしと妥当でない答えを除いた（$n = 14$）後，我々は残り 120 名中 114 名（95%）が，心理学が「mind」と「heart」両方に関係していると答えをしたことを見出した〔$\chi^2 (1) = 97.2$, $p < .001$〕。残りの 6 名のうち 3 名は心理学が「heart」に関係していると答え， 3 名は「mind」に関係していると答えた。

　我々は英語ワードの「heart」と「mind」の背景的な説明を日本語で参加者に提示した。そして「psychology」の定義に関係するものとして認知プロセスや言語習得を含めた。しかし，学生の40%は「heart」を選択した。このことは「psychology」から連想される「heart」の頑強さを示唆している。さらに重要なことに，日本人の学生は大部分が，「psychology」が「heart」と「mind」両方を扱うと答えた。

－ 124 －

総合論議

典型的な J- 曲線パターン

本研究は，日本人の導入心理学の学生が，他の国々の学生との比較において以下の点で，心理学の非アカデミックな概念の評点で有意に異なっていることを示した。

日本人の学生の感情の評定は，極端に負に偏った分布をもつことが見出された。日本人の学生の大部分（75% 以上）は，5 件リッカート尺度で極端な値を選んだ。このことが示すのは，感情が心理学ともっとも密接に連想すると捉えられていることである。さらに日本人の学生の中で，感情の評定分布は，典型的な J- 曲線を形成した。導入で述べたように，「psychology」から翻訳されたワードの心理学は，日本語のキャラクター「心」を含んでいる。英語の「heart」は，体のコアおよび中央にある体の中の赤い器官を意味する。日本語（および中国語）の「心」はこれらの意味を同時にすべて意味する。さらに「mind」もまた，「psychology」が心理学を指すため，「心」としても知られている。しかしこの問題は，日本で顕在的に調べられたり論じられたりしたことが今までなかったため，たいていの日本人の心理学研究者は，そのことを自覚していない。F. H. Allport によって提出された J‐曲線仮説は，stereotype のような社会的な規範および態度を説明するために利用されることが多い（Allport, 1962; Allport & Solomon, 1939）。

この極端に偏った評定は，社会的態度だけではなく，「心理学」のようなワードの連想に基づく概念に関する認知的な意志決定に現

第二部　研究論文

れる可能性がある。非アカデミックな心理学から連想される概念に関する認知決定は，参加者の文化的な背景を反映しているのであろう。ゆえに，もしも，大部分の人々が共通の社会的背景に根ざす概念の共通の理解を共有している場合は，このグループのメンバーは，真にありふれた性質の共通性を共有するであろう。参加者はそれらを自覚していないとしても，彼らの行動と決定は，それにも関わらず，社会的規範に同調し，その文化のメンバーに自明な文化的な影響を表すのであろう。このことは，導入心理学の日本人学生にとっても当てはまるであろう。

　J-曲線仮説は，通常，社会心理学において，社会規範に対する同調性や社会的規範の情報を説明するために社会心理学に適用されてきた。この仮説に沿うと，日本における導入学生の中で観察される心理学の理解が，日本で今まで研究されていなかった理由が，この理解がグループメンバーの大部分の間で優勢な意見となっていたことを反映しており，自明だと考えられていたためなのであろう。

　我々の研究では，日本人学生の間に見られる心理学の非アカデミックな概念が，感情の方向に向かって stereotype 的に定位していたことを表した。「heart」と「mind」は，対立する極だと概念的に理解することができる。この非アカデミックな概念の理解は認知的な働き，思考，記憶，言語を理解する学生の能力と干渉するかもしれない。

　研究 2 は，「heart」の日本人の概念の頑強さを表した。「mind」と「heart」の我々の説明の提示にもかかわらず，学生の 40％ が，心理学から連想されるものとして「heart」を選んだ。説明を受けない場合では，ほとんど普遍的に日本の学生は，「psychology」か

－126－

ら連想されるワードとして，知性ではなく感情を選んだ。さらに決定的なことに，学生の大部分は，心理学が「heart」と「mind」を両方扱うと考えた。

　この問題は今まで一度も日本において顕在的に問題とされたことがない。我々が推測するのは，この問題の自覚の無さは，心理学の言葉の定義による可能性があるというものである。それは，漢字キャラクターの表意的な意味に基づいており，それは，日本の人々の大部分によっておそらく大多数の人間によってほとんど全員一致で受容される。

　我々の研究は，このトピックを詳細に研究した初めてのものである。この研究は，先進国からの導入学習者のサンプルが限られているとしても，また，他の国々の参加者の質問がおそらく母国語でない英語で行われたために翻訳の問題が潜在的に残るとしても（研究 1），総合的に見ると，心理学の特殊な概念が日本の学生の間に観察された。水野（2011）の研究が示唆するように，心理学専攻の学生も，この概念をもっているようである。それは，強く感情に向かって定位していた。心理学の潜在理論は，文化の中で根が深すぎるため，心理学授業のコースワークを通して単に出席するだけでは影響を受けないのであろう。これらの結果は同様に，「知能」のような概念が，プロフェッショナルの心理学者とアマチュアとで同じように捉えられていたことを示した先行研究と合致していた（e.g, Sternberg, Conway, Ketron, & Bernstein, 1981）。日本におけるこの問題に関する先行研究が欠けていたことの理由は，この傾向の自覚が欠如していたため，学生だけでなく，日本の研究者にもこの傾向の存在を十分捉えられていなかったためであろうと考える。また，研

第二部　研究論文

究者それ自身がこの問題に無自覚であろうと推察する。一般的に言って，心理学の理解は，学生にとって困難であると言われている。さらに，多くの学生は心理学の授業に参加したとき，アカデミックな心理学に失望する傾向がある。というのは，彼らの心理学の概念が，彼らが初めて出会うアカデミックな学問と食い違っていることが多いからである（Tada, T., Takigami, Y., Kawabata, H., & Sugino, K., 1980）。しかしこの問題は，今までに深く探求されたことがなかった。ゆえに，序論で述べたように，学生にわかりやすく心理学を導入するために，タイトルに「こころ」を含む心理学の本が多くある。多くの著者たちが善意から，日本語の用語を使って学生に心理学の勉強を促そうと努力しているにせよ，このアプローチは，実際には，かえって学生の理解を妨害している可能性がある。

　その代わりの方法として我々が示唆するのは，日本の導入教育で「こころ」を使用するのではなく，「mind」の外来語としての英語の発音のみを表す（それは意味を指していない）カタカナスクリプトの「マインド」/ma.i.N.do/ を使うことが適切だろう，ということである。日本では，多くのカタカナスクリプトがある。特に，コンピュータ用語（e.g., ウェブ /we.bu/ for web）。事実，経営学の研究者は，business manager（経営者）の「mind」を，日本語の「こころ」ではなく，「マインド」と翻訳している。もしもある会社のトップマネジメントが他の会社と合併を意図する場合，この決定は，日本の会社で「心」のマターではなく「mind（マインド）」のマターであると理解される。しかし日本の心理学者は，心理学の潜在理論からのバイアスを受けている。というのは，「psychology」が「心理学」を指すからである。日本の人々は，「心」という用語

- 128 -

が学校でいじめられたこどもたちに適用されたとしても，政府の政策を実行する大統領には適用できないことを自覚すべきである。その代わりに，「マインド」という単語は大統領に適用できる。「心」は弱い状態の人々を示す。我々が示唆するのは，人々が「心」や「こころ」を使用するのではなく，「マインド」を使用するべきだということである。というのはカタカナスクリプトの「マインド」は，日本人の人々にすでになじみがあるからである。このアプローチは，学生だけでなく，「心」や「こころ」と「mind」の違いを研究者が理解するのにも役立つ可能性がある。そして，この違いの自覚を促すのに役立つであろう。

　将来の研究は，学生の母集団における心理学専攻を研究することによってこの概念の頑強さの程度を調べるべきである。我々は導入心理学教育を論じるとき，心理学の非アカデミック概念に影響する文化的背景を無視することが多い，特に日本では。歴史的に見て，先進国になる途上で，西洋文化を早くから採用してきた。ゆえに，日本の人々は一般にアジアの研究者からの土着心理学の概念の提案（e.g., Ho, 1998）に反して，彼らの文化のユニークさの自覚がない。しかし，日本における心理学の潜在理論はまさに，文化固有の特性をもっていることが明らかになった。本研究が示唆するのは，日本における導入学生がもつ非アカデミックな概念の理解に基づいて，研究者が導入心理学を教育することが重要だということである。

第二部　研究論文

謝辞

この調査の実施に当たって，以下の人たちの支援を受けた。感謝
する。橋本憲尚，河村宗一郎，中澤，Seldom Kum，彭晨臣。

文献

Allport, F. H. (1962). A structuronomic conception of behavior: Individual
and collective. *Journal of Abnormal and Social Psychology*, *64*, 3–30.
doi:10.1037/h0043563.

Allport, F. H., & Solomon, R. S. (1939). Lengths of conversations: A conformity
situation analyzed by the telic contiuum and J-curve hypothesis. *Journal of
Abnormal and Social Psychology, 34*, 419–464. doi:10.1037/h0054465.

Berry, J., Poortinga, Y., Segall, M., & Dasen, P. (2002). *Cross-cultural psychol-
ogy, research and applications*. Cambridge, UK: Cambridge University
Press.

Chen, M. J. (1994). Chinese and Australian concepts of intelligence. *Psychology
and Developing Societies, 6*, 103–117. doi:10.1177/097133369400600202.

Chiu, C. Y., Hong, Y. Y., & Dweck, C. S. (1997). Lay dispositionism and implic-
it theories of personality. *Journal of Personality and Social Psychology,
73*, 19–30. doi:10.1037/0022-3514.73.1.19.

Chun, K. T., Campbell, J. B., & Yoo, J. H. (1974). Extreme response style in
cross-cultural research: A reminder. *Journal of Cross-Cultural Psychology,
5*, 465–480. doi: 10.1177/002202217400500407.

Floyd, F. J., & Widaman, K. F. (1995). Factor analysis in the development and
refinement of clinical assessment instruments. *Psychological Assessment,*

研究論文その1　日本における非アカデミックな概念の文化的背景

7, 286–299. doi:10.1037/1040-3590.7.3.286.

Guthrie, G. M., & Bennett Jr., A. B., (1971). Cultural differences in implicit personality theory. *International Journal of Psychology, 6*, 305–312. doi:10.1080/00207597108246697.

Heine, S. J., Lehman, D. R., Peng, K., & Greenholtz, J. (2002). What's wrong with cross-cultural comparisons of subjective Likert scales?: The reference-group effect. *Journal of Personality and Social Psychology, 82*, 903–918. doi:10.1037//0022-3514.82.6.903.

Hino, Y., Kusunose, Y., Lupker, S. J., & Jared, D. (2013). The processing advantage and disadvantage for homophones in lexical decision tasks. *Journal of Experimental Psychology: Learning, Memory, and Cognition, 39*, 529–551. doi: 10.1037/a0029122.

Ho, D. Y. F. (1998). Indigenous psychologies: Asian perspectives. *Journal of Cross-Cultural Psychology, 29*, 88–103. doi: 10.1177/0022022198291005

Hui, C. H., & Triandis, H. C.(1989). Effects of culture and response format on extreme response style. *Journal of Cross-Cultural Psychology, 20*, 296–309. doi:10.1177/0022022189203004.

Kunihiro, T., & Konishi, T. (1993). *Random house English-Japanese dictionary* (2nd ed.). Tokyo: Shogakukan.

Lee, J. W., Jones, P. S., Mineyama, Y., & Zhang, X. E. (2002). Cultural differences in responses to a Likert scale. *Research in Nursing & Health, 25*, 295–306. doi:10.1002/nur.10041.

Leong, C. K., & Tamaoka, K. (1998). Cognitive processing of Chinese characters, words, sentences and Japanese kanji and kana: An introduction. *Reading and Writing: An Interdisciplinary Journal, 10*, 155–164.

Markus, H. R., & Kitayama, S. (1998). The cultural psychology of personality. *Journal of Cross-Cultural Psychology, 29*, 63–87. doi:10.1177/0022022198291004.

Markus, H. R., & Kitayama, S. (1991). Culture and the self: Implications for cognition, emotion, and motivation. *Psychological Review, 98*, 224–253. doi:10.1037/0033-295X.98.2.224.

Mizuno, R. (Ed.). (2011). *Association frequency tables: Three-mora Kanji, Hiragana, and Katakana words.* Kyoto: Nakanishiya Shuppan. [in Japanese with English title]

Nanna, M. J., & Sawilowsky, S. S. (1998). Analysis of Likert scale data in disability and medical rehabilitation research. *Psychological Methods, 3,* 55–67. doi:10.1037//1082-989x.3.1.55.

Nishikawa, Y. (1995). The origin of the scientific name, "Shinrigaku", in Japanese: Does "Shinrigaku" come from psychology? *The Japanese Journal of Psychonomic Science, 14,* 9–21. [in Japanese with English abstract]

Sternberg, R. J., Conway, B. E., Ketron, J. L., & Bernstein, M. (1981). People's conceptions of intelligence. *Journal of Personality and Social Psychology, 41,* 37–55. doi:10.1037/0022-3514.41.1.37.

Tada, T., Takigami, Y., Kawabata, H., & Sugino, K., (1980). 心理学講義 [Introduction to psychology]. Tokyo: Gakujutsu Tosho Shuppan-sha.

Tamaoka, K., & Makioka, S. (2004). Frequency of occurrence for units of phonemes, morae, and syllables appearing in a lexical corpus of a Japanese newspaper. *Behavior Research Methods, Instruments, & Computers, 36,* 531–547. doi:10.3758/bf03195600.

Verdonschot, R. G., Kiyama, S., Tamaoka, K., Kinoshita, S., La Heij, W., & Schiller, N. O. (2011). The functional unit of Japanese word naming: Evidence from masked priming. *Journal of Experimental Psychology: Learning, Memory, and Cognition, 37,* 1458–1473. doi:10.1037/a0024491.

研究論文その2

タイピングローマ字変換
日本語の階層的材料を使ったタイピングスキルの
獲得プロセス

Yuki Ashitaka and Hiroyuki Shimada

Kobe University, Hyogo, Japan.

第二部　研究論文

要　約

　本研究では，八つのキーだけからなる新しいキーレイアウトを使って初心者タイピストのタイピングトレーニングを実施した。本研究では，日本人の大学生がキーボードのどのキーをどの指で押すかを一定にし，アルファベット入力法を使って四回のキー押しを使って一対のひらがなキャラクターから構成されるワードのタイピング・トレーニングを受けた；課題はチャンキングが容易に利用できるように構築された。我々はひらがなキャラクターとアルファベットレターの連合を操作した（階層的材料；オーバーラップマッピングと非オーバーラップマッピング）。我々のアルファベット文字の材料は，各ひらがなワード内が規則正しい順序に対応していた（四つの文字の中で第1文字と第3文字は子音を指し，第2文字，第4文字は母音を指していた）。母音アルファベットのタイピングに関わるキーストローク間間隔を調べると，オーバーラップ効果が技能発達の初期にしか現れないことを表れた（効果は非オーバーラップマッピングに比べてオーバーラップマッピングのほうが大きかった）。しかし，後期のトレーニング時期までに減少した。逆に，子音アルファベットのタイピングの反応時間とキーストローク間間隔を調べると，オーバーラップ効果が見られなかった。このことから，ひらがなワード全体でチャンキングされていたのではなくひらがな一文字ごとにチャンキングが行われていたと考えられる。これらの結果は，ファン効果と技能習得に基づいて論じられる。さらに，初心者と熟練者の日本人のタイピストの将来の研究の必要性があることが

－134－

論じられる。

キーワード

タイピング技能の習得

プライミング

日本語

タイプライティング

ファン効果

チャンキング

モーラ

第二部　研究論文

　タイピング技能は，世界中どこでも，特に先進国の西洋諸国の若者の間でどこにでも見られるようになってきた。その理由は，パーソナルコンピュータの普及のためである。最近，Logan とその仲間たち（e.g., Crump & Logan, 2010a, 2010b, 2010c; Liu, Crump, & Logan, 2010; Logan & Crump, 2009, 2010, 2011; Snyder, Ashitaka, Shimada, Ulrich, & Logan, 2014; Yamaguchi, Crump, & Logan, 2013; Yamaguchi, & Logan, in press; Yamaguchi, Logan, & Li, 2013）は，タイピングに関する認知プロセスのコントロール[18]を盛んに研究し，熟練タイピストに関する「二つのループ」理論を提出した（この理論のまとめは Logan & Crump, 2011 参照。またこの理論の図的説明は，Yamaguchi, Crump, & Logan, 2013; Yamaguchi, Logan, & Li, 2013　参照）。この理論は，熟練タイピストにおいて，外的ループが文の理解や，文をワードへの分解やワードの内的ループへの転送に関わる高次のコントロールプロセスを表し，内的ループが，外的ループからワードを受け取り，同時並行にキーストロークを活性化し，正確な順序でそれらを実行する提示のコントロールプロセスに表すと考える。

　先進西洋諸国の若者のタイピング技能が頑強だとしても，多くの研究者たちは，熟練遂行が熟練タイピングを支援している多くの連合の一つを不可能にすることによって悪化することを示してきた。

[18]　タイピングとタイプライティングとの明確な区別はない（Logan & Crump, 2011）。しかし，「タイピング」は「タイピング技能」や「タイピングトレーニング」のようなキー押しを指しているようであり；「タイプライティング」はタイプライティングにおけるコントロールや言語表現のような言語産出に関わっているようである（e.g., Yamaguchi & Logan, in press）。本論文で，我々はこの定義に基づいてこれらの用語を使用する。

－ 136 －

(a) ワードと文字との連合（Crump & Logan, 2010b; Logan & Crump, 2011）

(b) 文字とキーとの連合（Liu et al., 2010; Logan, 2003）;

　あるいは,

(c) キーと指の運動の連合（Crump & Logan, 2010a）。

　最近, Yamaguchi and Logan（in press）によって一つの研究が実施された。彼らは知覚, 短期記憶, 運動プランニングを熟練タイピストに阻止することによって, 熟練者を非熟練者に引き戻すことができることを示した。この著者たちが示唆したのは, 熟練したタイピストにおいてチャンキングが, 多くの文字とキーストロークの処理に重要な役割を果たしているということだった。熟練した遂行は, 理論的にチャンキングによって発達すると考えられてきた。そしてチャンキングは, 遂行者がアクション・プランにおける認知的負荷を低下させ, 高次のアクションゴールに集中することを可能にすると考えられてきた（Newell & Rosenbloom, 1981; Yamaguchi & Logan, in press）。

　本研究において, 我々はタッチタイピストではなく未熟練のタイピストを使って, チャンキングが容易に使用可能な状況でのタイピングプロセスの技能習得を調べた。このことを行うために, 我々は参加者として日本人の大学生を使った。その理由は, 日本人の若者のタッチタイピング率が驚くほど低いためである（18 歳から 22 歳のサンプルの約 15.4%: 内閣府, 2002 参照）[19]。さらに, 我々は標準

19　この調査は日本の 823 名の若者（18 歳から 22 歳）を含む 3,486 名の個人を調べた。不幸にも, 日本ではタッチタイピング率の最近の調査はない。

第二部　研究論文

キーボードからすべてのキーを除くことによって，二つのグループのタイピストそれぞれに八つのキー（とスペースキー）からなる新しいキーボードレイアウトを作った。チャンキングが容易に利用できるように，左手の四つの指に四つのキー，右手の四つの指に他の四つのキーを配置しスペースキーを付け加えた。このセッティングは，アルファベット文字とタイピストの指の運動間に新しい連合を確立する（図 1 参照；cf. Crump & Logan, 2010a）。ワードとキャラクター，キャラクターと文字との連合を調べるために，我々は，この新しいキーボードでタイピングすることによってアルファベット入力法を使って日本語のひらがなワード（一対のひらがなキャラクター[20]からなる）を手本を見てそのとおりタイプする（コピーする）ときのタイピング技能の習得プロセスを調べた。アルファベット入力法は日本人で非常にポピュラーである（大学生の約 80–90%）。[21]

　日本語ワードをタイピングすることは，英語ワードをタイプするときよりも複雑である。日本語の処理ユニットは，シラブルであり（特に，持続時間一定としてのモーラ），単一の母音（V）または子音と母音の組み合わせからなっている。ひらがなスクリプトは，直接これらのシラブルを表している。詳しく言うと，日本語ワードをキーボードのタイピングでアルファベット入力法を使って手本を見

[20]　本論文では記述目的のため，アルファベット文字からひらがなキャラクターを区別する。

[21]　アルファベット入力法は，日本政府の初等情報教育のガイドラインで推奨されている（文部科学省 2010, p. 81）。我々は未発表の研究の一部として，神戸大学の 88 名の学生（18 歳から 21 歳）をアルファベット入力法の好みについて 2013 年 4 月に調べた。その結果，87.5% の学生がこの方法を常に使うと回答した。我々はアルファベット入力法の好みについて日本人の学生の率に関する他の調査を見つけることができなかった。

研究論文その２　タイピングローマ字変換

ながらそのとおりタイプするとき，ワードのすべてがシラブルを表しているひらがなスクリプトからなっている場合，これら子音と母音に分解されたアルファベット文字は決して視覚刺激として出現しない。

　一般に，日本人のタイピストは，日本語でアルファベット入力法を使ってひらがなワードをタイプするとき，各ひらがなワードを一対のアルファベット文字に（第１文字は子音を表し，第２文字は母音を表す。ひらがなキャラクターの規則的なシラブル構造は表１参照）分解しなければならない。本実験では，一対のひらがなキャラクターからなるひらがなワードが使用された。ゆえに，この課題はタイピストに，一対のひらがなキャラクターからなる各ひらがなワードあたり，四つのアルファベット文字の四つのキーストロークをタイプすることが求められた（日本語ひらがなワードの階層的構造；日本語と英語のタイピングについては図１参照）。アルファベット入力法を使うと，一対のキャラクターは各アルファベット文字に分解された。そのことは我々にひらがなキャラクターとアルファベット文字との新しい連合（マッピング）の操作を可能にする（操作に関しては図２参照）。詳しく言うと，日本語でアルファベット入力法を使って一つのひらがなワード（e.g., むし，一対のキャラクター）をタイプするとき，タイピストはアルファベット文字をタイプしなければならない。例えば，"musi"（四つのキーストローク）の場合，ひらがなキャラクター「む」は，一対のアルファベット文字「m」と「u」に分解され，ひらがなキャラクター「し」は，一対のアルファベット文字「s」と「i」に分解される。

　我々は「オーバーラップあり」と「オーバーラップなし」マッ

第二部　研究論文

ピングを使って，各ひらがなキャラクターについてアルファベット文字とひらがなキャラクターとの新しい連合（マッピング）を操作した。オーバーラップありマッピングの場合，ひらがなワード「むし」(*mu*si) と「かむ」(ka*mu*) に含まれるひらがなキャラクター「む」(*mu*) をタイプするときに使用されるアルファベット "*m*"[22] は，ひらがなワード「しめ」(si*me*) と「めし」(*me*si) に含まれるひらがなキャラクター「め」(*me*) をタイプするときにも使用された。オーバーラップなしマッピングの場合は，アルファベット "k" は，ひらがなワード「かて」(kate) と「かむ」(kamu) に含まれるひらがな「か」(ka) をタイプするときにしか使用されなかった。

表1　ひらがな文字に対応するアルファベット表記

	a	i	u	e	o
	あ (a)	い (i)	う (u)	え (e)	お (o)
k	か (ka)	き (ki)	く (ku)	け (ke)	こ (ko)
s	さ (sa)	し (si)	す (su)	せ (se)	そ (so)
t	た (ta)	ち (ti)	つ (tu)	て (te)	と (to)
n	な (na)	に (ni)	ぬ (nu)	ね (ne)	の (no)
h	は (ha)	ひ (hi)	ふ (hu)	へ (he)	ほ (ho)
m	ま (ma)	み (mi)	む (mu)	め (me)	も (mo)
y	や (ya)		ゆ (yu)		よ (yo)
r	ら (ra)	り (ri)	る (ru)	れ (re)	ろ (ro)
w	わ (wa)				を (wo)

　注　この表は，日本語の子音成分と母音成分にもとづいて配置されたひらがなキャラクターの典型的なパターンを示している。カッコ内の文字は，アルファベット入力法を使って各ひらがなキャラクターをタイプするときのアルファベットを示している。第一列は子音を表しており，列の見出しは母音である。

22　これ以降，イタリック体の文字はオーバーラップありマッピングを表す；関係のある文字はアンダーラインを引く。

研究論文その2　タイピングローマ字変換

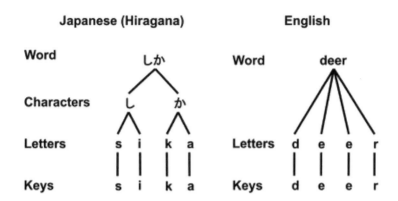

図1　日本語と英語のタイピング
　左側は，日本語でアルファベット入力法を使ってひらがなワードがどのようにタイプされるかを示しており，右側は英語のタイピングを示している。日本語でひらがなワードをタイプするとき，タイピストはひらがなキャラクターを使ってアルファベット文字を検索しなければならない。この図は，日本語のひらがなスクリプトのワードが英語のワードに比べて深い階層レベルを持っていることを示している。

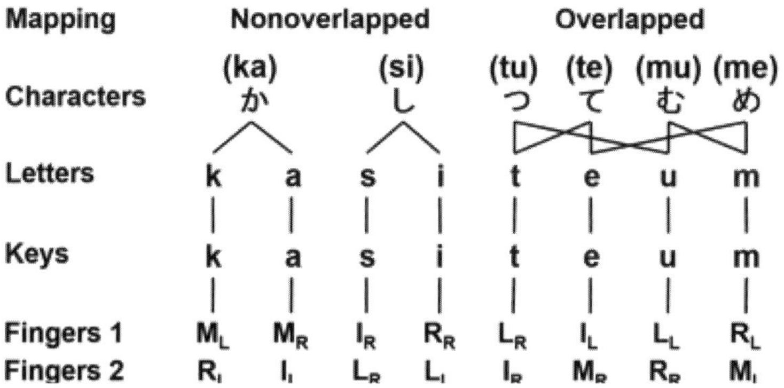

　左側は，ひらがなキャラクターとアルファベット文字とのオーバーラップなし（ユニーク）マッピングを示す。
　右側は，ひらがなキャラクターとアルファベット文字とのオーバーラップあり連合を示す。指1と指2は，二つの異なったキーレイアウトを表している。
　IL＝左手人さし指；ML＝左手中指；RL＝左手薬指；LL＝左手小指；
　IR＝右手人さし指；MR＝右手中指；RR＝右手薬指；LR＝右手小指．

　　図2　ひらがなキャラクターとアルファベット文字との連合
　　　　　オーバーラップなしとオーバーラップありの連合

第二部　研究論文

　実際の実験では，アルファベット文字は視覚的に提示されず，ひらがなワードだけが提示された。この課題のひらがなワードは，高次の各ひらがなキャラクターが低次の一対のアルファベット文字からなっていたという点で階層構造をなしていた。上で述べたように，タイピストは，指の運動と連合したアルファベット文字に対応するキーをタイプしなければならなかった。しかし，タイピングトレーニングの技能発達の初期では，タイピストはひらがなワードから各ひらがなキャラクターについて一対のアルファベット文字にひらがなキャラクターを変換しなければならなかった。オーバーラップありマッピングでは，二つのひらがなキャラクターが一つのキーと連合しているため，この状況は，「オーバーラップあり」と「オーバーラップなし」マッピング間でオーバーラップ効果として干渉効果が現れる可能性がある（一種の「ファン効果」。以下の議論参照）。トレーニングの後期では，チャンキングによってオーバーラップ効果がモジュレートされるはずである。単一ユニットの反応としての四つのキーストロークが習得されるとともに，オーバーラップ効果は減少するだろう。その理由は，押すべきキー配置とタイピストの指の運動との連合が強くなるためであり，またこの課題のキー配置は八つしかなかったためである（逆の操作については Yamaguchi & Logan, in press 参照）。さらに，過去の研究（Crump & Logan, 2010a）によって確かめられたのは，最近の経験は，個人の長い生育履歴においてどの程度熟練したか，タイピング技能の獲得レベルによって影響を受ける可能性である。そして，最近の連合と長期記憶に蓄えられた連合との交互作用が，インスタンスベースの技能習得（Logan, 1988）の証拠だと考えられた。我々のひらがな

－ 142 －

研究論文その2　タイピングローマ字変換

キャラクターとアルファベット文字の最近の（新しい）連合の操作
によって予想されるのは，オーバーラップ効果がタイピングトレー
ニング中の初期に現れるだろうということであり，また，トレーニ
ングの後期では，ひらがなワードの四つのキーストロークのタイプ
にチャンキングが使われることによって，オーバーラップ効果が減
少するだろうということだった。

　詳しくいうと，我々が期待したのは，技能発達の初期にはオー
バーラップありマッピングの方が，オーバーラップなしマッピング
に比べてタイピングスピードが遅くなるだろうということである。
参加者は，トレーニングの初期では，ひらがなキャラクターとキー
配置との連合を一つずつ学習していった可能性がある。オーバー
ラップありマッピングでは，二つのひらがなキャラクターが単一の
キー配置と連合するため，トレーニングの初期ではそれは干渉をも
たらすだろう。技能発達の初期におけるオーバーラップマッピング
の効果は，トレーニング中に減少するだろう。というのは初心者の
タイピストは，オーバーラップありマッピングでは，ひらがなキャ
ラクターから別のアルファベット文字によって影響されるからであ
る。また，新しい別の連合とともに現れるからである。これに対し
て，技能発達の後期のタイピングトレーニングを受けた非初心者
タイピストは，新しい連合とは無関係にチャンキングによって単
一ユニットとして四つのキーストロークをタイプする傾向がある
だろう。これに対して，熟練した遂行の獲得の他の説（Botvinick &
Plaut, 2004; Cooper & Shallice, 2000; Lashley, 1951; Norman & Shallice,
1986），例えば並列分散処理やスキーマモデルでは，オーバーラッ
プ効果がタイピングトレーニング中に減少するような予想を作らな

－143－

第二部　研究論文

いだろう。

　熟練したタイピングの理論（e.g., Crump & Logan, 2010a, 2010b, 2010c; Liu, et al., 2010; Logan & Crump, 2009, 2010; Yamaguchi & Logan, in press）が考えるのは，反応時間（RT；ワードの開始と第1キーストロークとの間隔）が外的ループと内的ループの持続時間を測定し，キーストローク間間隔（IKSI; 連続的なキーストローク間の間隔）が，内的ループの持続時間を測定するということである。日本人の未熟練のタイピストを使って，我々はRTと各IKSIを詳しく調べることができた。というのは，各キーストロークが，アルファベット文字からなる一定のシラブルに対応していたためである（第1文字と第3文字は子音を表し，第2文字と第4文字は母音を表す）。この分析は，チャンキングがひらがなワード（四つのキーストローク）について利用されるのに比べてひらがなキャラクター（一対のキーストローク）の方がもっと簡単に利用される可能性がある。そうであるのなら，オーバーラッピング効果の変化は，第2キーストロークと第4キーストローク（母音文字をタイプする）のスピードの方により顕在的に現れるはずである。

方　法

参加者

　12名の日本人の大学生が，単位保証の一部としてこの実験に参加した。

　全員，日本語のネイティブ・スピーカーだった。視力または矯正視力が正常だった。日本語ワードをタイプするとき，アルファベット入力法を使った。非タッチタイピストだった。

研究論文その2　タイピングローマ字変換

刺激と装置

　視覚刺激の提示および時間と正確性の記録はPCのための
E-Prime ソフトウェアを用いて実施された（Version 2.0; Psychology
Software Tools, Pittsburgh, PA, USA）。視覚刺激は，八つの日本語ワー
ドを含んだ。それぞれ二つのひらがなキャラクターからなってい
た（表2）。刺激は，黒の背景に21インチモニターの中央に白色で
提示された。テスティングの前に，新しいキーボードが，標準キー
ボードからすべてのキーを除くことによって作られた。それは左手
用に四つのキー，右手用に四つのキーを配置した。キーはタイピス
トがタイプする間ラベルを見ないようにラベルがついていなかっ
た。我々は二つのキー配置を作った。

　一つは，
“U”, M”, “K”, “E”, “S”, “A”, “I”, “T”
　からなっていた，それらは左から右へ，左小指，左薬指，左中
指，左人差し指，右人差し指，右中指，右薬指，右小指に対応して
いた。これらのキーは，標準キーボードの
“A”, “S”, “D”, “F”, “J”, “K”, “L”, “;” キー
　を置き換えた。
　他のレイアウトは，同じ指で押されるキーに対応する
“I”, “K”, “M”, “A”, “T”, “E”, “U”, “S”
　からなっていた。これらのキーはまたまた標準の
“A”, “S”, “D”, “F”, “J”, “K”, “L”, “;” キー
　を置き換えた。

－145－

第二部　研究論文

　その結果，タイピストは，一対のひらがなキャラクター（e.g., か
て，kate）からなる日本語ワードについて四つのキーストロークを
タイプする必要があった。我々は，Amano and Kondo（1999）に
したがって，ひらがなワードの熟知性と利用可能性の頻度を統制
した。各キーの半数（K, S, A and I）は，アルファベット文字を
1対1ベースで対応していた（オーバーラップなしマッピング）。残
り半数のキー（T, M, U and E）はそれぞれ1対1ベースで特定
のアルファベット文字に対応していなかった（オーバーラップあり
マッピング；図2）。

　オーバーラップありマッピングに関して，ひらがなキャラクター
「む（*mu*）」をタイプするときに使用するアルファベット文字"*m*"
は，ひらがなワード「むし（*mu*si）」または「かむ（ka*mu*）」に含ま
れていた；それはまた，ひらがなキャラクター「め（*me*）」をタ
イプするとき使用され，ひらがなワード「しめ（si*me*）」と「めし
（*me*si）」に含まれていた（表2参照）。オーバーラップなしマッピン
グについては，ひらがな「か（*k*a）」をタイプするときにだけ使用
されるアルファベット"k"は，ひらがなワード「かて（*k*ate）」と
「かむ（*k*amu）」に含まれた。

－146－

研究論文その2　タイピングローマ字変換

表2　本実験で用いた視覚刺激としてのひらがな文字

Visual word	かて	かむ	しか	しめ	つか	てつ	むし	めし
Typing keys	ka*te*	ka*mu*	sika	*si*me	*tu*ka	*tetu*	*mu*si	*me*si
Meaning	food	bite	deer	deadline	hill	iron	neglect	meal
Familiarity	4.78	5.47	5.75	5.13	4.97	6.06	6.06	5.97
Kanji	糧	嚙む	鹿	締め	塚	鉄	無視	飯

注　熟知性評定は，7がこれらの最高レベルを示す7件法に基づいた（Amano & Kondo, 1999）。漢字は，ワードの意味を確立するために実験の前に一度提示されたが，テスティング中には再び提示されなかった。イタリック体のアルファベット文字は，ひらがなワードに含まれるひらがなキャラクターとアルファベット文字とのオーバーラップありマッピングを示している。

デザインと手続き

先行研究にしたがって（e.g., Crump & Logan, 2010a, 2010b, 2010c; Liu, et al., 2010; Logan & Crump, 2009, 2010; Yamaguchi & Logan, in press），我々はRT（L1; 第1キーストロークの潜時）と IKSIs（L2, L3, and L4; 第2，第3，第4キーストロークの潜時[23]）を別個に調べた（図3参照）。ゆえに，各反応インディクス（L1, L2, L3, L4）に関して，実験は， 8（trial blocks）× 2（mapping: Overlapped or Nonoverlapped）被験者内デザインを使用した。参加者は，二つのグループに均等に分けられた。それぞれ二つのキー配置の一つを使用した。テスティングの前に，参加者はひらがなワードの意味を明確にするために，漢字のワードリストのシートを受け取った。というのは，ひらがなワードは複数の意味を持っている可能性があった

---

[23]　これらの潜時は，当該キーストロークとこれらのキーストロークの一つ前のキーストロークとの間隔を指している。

第二部　研究論文

ためである（表2）。さらに，参加者は，漢字ワードではなくひら
がなワードが PC モニターに一つずつ提示されるだろうと告げられ
た。そしてできるだけ速く正確に材料をタイプするように求められ
た。八つのキーラベルがタイピストに口頭で話された。タイピスト
はそれらを覚えるように求められた。参加者は，防音室の通常の
蛍光灯の元で個別に 64 試行からなる八つのブロックを完了した。
各試行は 500 ms（ミリ秒）間の黒いスクリーンの中央の白い凝視
クロスで始まり，その後 500 ms 間のブランクスクリーンが続いた
（図 3 参照）。参加者は，ひらがなワード（一対のキャラクターからな
る）が PC 画面に提示されたとき，アルファベット入力法を使って
キーを押すように求められた。参加者は，各キーのタイプごとに，
正しいキーストロークを表すアステリスク（*），または，誤った
キーストロークを表すアンダーライン（_）のいずれかの形のフィー
ドバックを受け取った。これらのシンボルは一対のひらがなキャ
ラクターの約 1 cm 下に提示された（各アルファベットキーについて
各シンボルはフィードバックを表している。図 3 参照）。ひらがなワー
ドと四つのシンボルは，タイピストがスペースキーを押すまでスク
リーンに残った。各ひらがなワード内の八つのアルファベット文字
に対応するキータイピングの頻度は，オーバーラップありとなしデ
ザインで均等だった（各試行ブロックの表象あたり四つ）。各試行ブ
ロック後に短い休憩があった。参加者は，次の試行ブロックを始め
るためにスペースキーを押した。実験は約 1 時間続いた。テスティ
ングの後，参加者はキーの位置を再生するように求められた。

－ 148 －

研究論文その2　タイピングローマ字変換

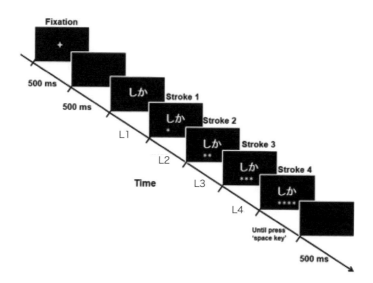

　L1，L2，L3，L4は第1，第2，第3，第4キーストロークの潜時を指している。L1とL3は子音アルファベットキーの第1キーストローク潜時と第3キーストローク潜時を指している。L2とL4は，母音アルファベットキーの第2キーストローク潜時と第4キーストローク潜時を指している。

　図3　各試行のイベント系列

第二部　研究論文

結　果

　エラー試行は，先行結果にしたがって，一つのワード内に誤った
キーストロークが出現したときにカウントされた[24]（Crump & Logan,
2010a）。エラー分析によって，一要因のANOVAを使って試行ブロッ
クの有意な学習効果が表れた，$F(7, 77) = 2.73$, $MSE = 33.331$,
$p < .05$, $\eta_p^2 = .200$。

　エラーパーセンテージは，第1，第2，第3，第4，第5，
第6，第7，第8ブロックについてそれぞれ19.0%，13.3%，
13.0%，11.3%，10.5%，11.1%，10.8%，12.4%だった。全般的
なエラー率は12.7%だった。最後に，タイピストは全員，一時間
トレーニングした直後に，キーボードレイアウトを再生した。

　以下の分析では正試行だけが含められた。中心傾向の測定を行
うため，我々は各参加者あたりの各ブロックの各条件について，
メディアンRTとIKSIを計算した（メディアンの測定については
Altmann, 2007; Blais & Besner, 2007参照）。我々は，二つのキーレイ
アウト間のデータを潰した。というのは，二つの異なったキーレイ
アウトを使うと，参加者のグループ間に有意な効果がなかったため
である（$F < 1$）。RTとIKSIデータは試行ブロックとマッピングを
変数として二要因反復測定分散分析（ANOVA）に別個に掛けられ
た。すべてのF検定に関するp値は，球面性からの離脱に関する

24　エラー試行はワード単位で定義された；キーストロークごとに誤り
を表示するシンボル（_）がワードに現れると，PCはそのワードをエ
ラー産出としてカウントした。

Greenhouse-Geisser 修正を使って調整された。

　導入で述べたように，我々のアルファベット文字の材料は，各ひらがなワード内の規則正しい順序に対応していた（第 1 文字と第 3 文字は子音に対応し；第 2 文字と第 4 文字は四つの文字内で母音に対応していた）。我々は，キーストローク（viz.,第 1，第 2，第 3，第 4）の各位置について，試行ブロックとマッピングデザインに反復測定の二要因 ANOVA を分析した。

子音アルファベットのキーストロークをもたらすのに関与する RT（L1）

　RT（L1）に関しては，試行ブロックの有意な主効果があった $F(7, 77) = 31.9$, $MSE=104907$, $p < .001$, $\eta_p^2 =.74$。

　後期の段階に比べて初期段階では，遅いスピードが特徴付けられた。そのことは学習効果を示している。しかし，オーバーラップのマッピングの有意な主効果はなかった，$F(1, 11) =2.18$, $MSE=77479$, $p=.17$, $\eta_p^2 =.17$。

　試行ブロックとオーバーラップ効果とに有意な交互作用がなかった，$F < 1$（図 4.(a)）。

子音アルファベットのキーストロークの解発に関わる IKSI（L3）

　第 3 キーストロークは，子音アルファベットのタイピングに関わっていた。このキーストロークとその直前のキーストロークとの間隔（第 2 キーストロークと第 3 キーストローク間の間隔；L3）は，子音アルファベットのキーストロークの誘発に関わっていた。その間隔は，オーバーラップの主効果を表さなかった，$F(1, 11) =1.34$,

第二部　研究論文

MSE = 66676,　p=.26,　η_p^2 =.11。

　試行ブロックの有意な主効果を表した，F (7, 77) =45.6, MSE = 58599, p <.001,　η_p^2 = .81。

　オーバーラッピングと試行ブロックに交互作用がなかった，F < 1（図 4，第 3 キーストローク潜時に関してはパネル C）。このパターンは，子音アルファベットのタイピングに関わる RT（L1）（図 4，パネル a）と似ていた。

母音アルファベットのキーストロークの解発に関わる IKSIs（L2 と L4）

　第 2 キーストロークと第 4 キーストロークは，母音アルファベットのタイピングに関わっていた。当該キーストロークとこのキーの直前のキーストロークとの間隔（第 1 キーストロークと第 2 キーストロークの間隔；第 3 キーストロークと第 4 キーストロークの間隔；L2 と L4）は，母音アルファベットのキーストロークの誘発に関わっていた。これらの間隔は，有意なオーバーラップの主効果を表した，第 2，第 4 キーストローク潜時に関してそれぞれ F (1, 11) =15.1, MSE = 35575, p <.01,　η_p^2 =.58, F (1, 11) =17.5, MSE = 24728, p <.01,　η_p^2 =.61

　それと同時に，これらの間隔は試行ブロックの有意な主効果を表していた，L2 と L4 に関してそれぞれ F (7, 77) =19.0, MSE = 61363, p <.001,　η_p^2 =.63, F (7, 77) =11.4, MSE = 56273, p <.01,　η_p^2 =.51

　さらに，その潜時は有意な交互作用が現れた，L2 と L4 に関して F (7, 77) =4.68, MSE = 8187, p <.05,　η_p^2 =.30,

－152－

$F(7, 77) = 6.81$, $MSE = 8121$, $p < .05$, $\eta_p^2 = .38$ (L2 と L4 に関して図 4, パネル b と d 参照)。

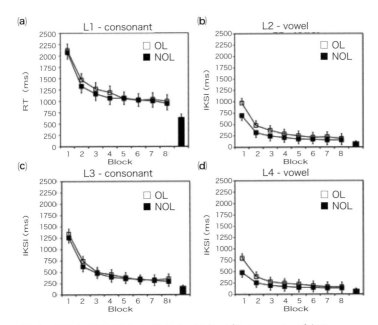

図 4　RT と各 IKSI におけるタイピングトレーニング中の
　　　ブロック間のオーバーラッピング効果

NOL = Nonoverlapped mapping; OL = Overlapped mapping

(a) L1 = RT; 子音アルファベットキーの第 1 キーストローク潜時

(b) L2 = 母音アルファベットキーの第 2 キーストローク潜時；
　　　　　　　　　　　　第 1 と第 2 キーストロークの間の IKSI

(c) L3 = 子音アルファベットキーの第 3 キーストローク潜時：
　　　　　　　　　　　　第 2 と第 3 キーストロークの IKSI

(d) L4 = 母音アルファベットキーの第 4 キーストローク潜時：
　　　　　　　　　　　　第 3 と第 4 キーストロークの IKSI

エラーバーは, 被験者内 95% 信頼区間を表している (Masson & Loftus, 2003)。各パネルの右側の棒グラフはメイン実験と同一のひらがなワードをタイプするために QWERTY キーボードを使って実施されたフォローアップ実験における平均潜時を表している (方法と結果は付録参照)。同じ参加者が, メイン実験とフォローアップ実験に参加した。

第二部　研究論文

議　論

　本研究において，不慣れなキーボードで日本語のひらがなワードをタイプするとき，初心者タイピストが非初心者タイピストに至る技能習得プロセスを調べた。タイピング技能の先行研究では常に，熟練したタイピストを使って実施されてきた（それによって熟練タイプライティングの「二つのループ」理論が得られている）。我々の研究で行われた操作は，チャンキングによるタイピング技能の改善を目的にした。そして Yamaguchi and Logan (in press) によって使用された方向性と反対の方向性を使っている。彼らは熟練したタイピストがチャンキングしないように妨害することによって，学習曲線上で，熟練タイピストを未熟練タイピストに逆戻りして悪化させた。技能の階層構造理論では，チャンキングを使って発達すると考えられてきた（Newell & Rosenbloom, 1981）。我々は，チャンキングが容易に利用できる状況を使い，ひらがなキャラクターとアルファベット文字とに生じるオーバーラップマッピングの効果について，RTs と IKISs の各ストロークの潜時を別個に調べた。導入で述べたように，練習の初期でオーバーラップの効果があり，練習とともに減少すると予想したが，この予想は，母音アルファベットのタイピングに関わる L2 と L4 にしか当てはまらなかった。子音のタイピングの RTs 及び L3 の場合には，この予想は当てはまらなかった。これらの発見から示唆されることは，タイピストが一つのひらがなワード全体の四つのキーストローク全体にチャンキングを使ったのではなく，一つのひらがなキャラクターあたり，二つのキース

-154-

トロークのチャンキングを使用していた，ということである。

　我々が，L2 と L4 で見出したアルファベット文字とひらがなキャラクターとの「オーバーラップあり」，「オーバーラップなし」のマッピングデザインの効果は，ファン効果と関連している可能性がある（Anderson, 1974）。ファン効果は，複数の概念の現実化に関する Anderson の研究で捉えられた（Anderson, 1974, 1983; Anderson & Reder, 1999）。その後，プライミング研究が続いた（Neumann & Deschepper, 1991, 1992）。ゆえに，ファン効果の程度をプライミング効果のサイズとしてとらえた（ポジティブプライミング，ネガティブプライミング）。本実験が表したのは，母音に関わるキーストロークの潜時のみがファン効果を表していたことであり，子音に関わるキーストロークの潜時（RT と第 3 キーストローク潜時）はその効果を表さなかったことだった。タイピストがトレーニングの効果でタイピング材料に慣れるに連れて，タイピストは一つのひらがなキャラクターに対して反応単一ユニットとして二つのキーストロークを処理するのを学習していったのだろう。そのことは，すべての二つのキーストローク系列が特定の一対のひらがなキャラクターとユニークに連合しているため，ファン効果を減少させたのだろう。ゆえにこの結果は，熟練したタイプライティングにチャンキングを利用する証拠として解釈できるだろう（Yamaguchi & Logan, in press）。[25]

　しかし，もう一方の可能性は，L2 と L4 のオーバーラップ効果の減少が，この効果が単なる床効果を表していた可能性がある。つまり非オーバーラップマッピングデザインのタイピングスピー

---

[25]　我々はファン効果とチャンキングに関するこれらの示唆に関してMotonori Yamaguchi に感謝する。

第二部　研究論文

ドが，最後の試行ブロックで改善の限界をもっていたという可能
性である（図4，パネルbとd）。この解釈が不可能であることを調
べるため，本メイン実験と同一参加者と同じひらがなワードでの
QWERTYキーボードを使ったフォローアップ実験を実施した（詳
細については付録参照）。さらに，オーバーラップマッピングデザイ
ンをつぶすことによって，本メイン実験の最後の試行ブロックの平
均潜時と，QWERTYキーボードの実験のそれとを比較した，とい
うのは，オーバーラッピング効果は，フォローアップ実験では調
べることができなかったためである（詳細は，付録の方法のセクショ
ン参照)[26]。その結果，すべてのキーストロークで，有意な差が得ら
れ，フォローアップ実験のQWERTYキーボードのタイピングス
ピードが速かった。従って，本実験は最後のブロックでもまだ練習
の途中であったことを示しており，オーバーラップ効果の減少が，
単なる床効果に負っているのではないことを示している。

　我々は以下で，RTとL3においてファン効果を見出さなかった
理由を推測した。最後の試行ブロックでのこれらのキーストローク
におけるタイピングスピード（RTと第3キーストローク潜時，それ
ぞれ970 ms，323 ms）は，フォローアップ実験（RTとL3，それぞ
れ638 ms，183 ms）に比べて，本実験の最後の試行ブロックでさ
えもかなり長かった。さらに，これらのキーストロークのタイピン
グスピードは，トレーニングの初期フェーズで著しく遅かった（RT
とL3，それぞれ2099 ms，1300 ms）。タイピストは，ひらがなキャ
ラクターを一対のアルファベット文字に変換し，ひらがなワードで
はなくひらがなキャラクターあたり冒頭の子音アルファベットに対

[26]　この可能性の示唆について，Motonori Yamaguchiに感謝する。

－156－

応するキーを探さなければならなかった。ゆえに，タイピストはおそらく，子音アルファベットのキーをタイプするのに長い時間がかかったのだろう。オーバーラッピング効果は，これらのキーストロークのタイピングスピードに比べてかなり小さかった。ワードを二つの文字に変換し，キーを探す処理は，RTと第3キーストローク潜時に大きい量の時間を必要とした。従って，オーバーラッピング効果に関わる処理は，変換とサーチと同時並行に進んだ可能性がある（追加的ではない）。初心者タイピストの研究は始まったばかりである。初心者タイピストを使った将来の研究は，技能習得プロセスとプライミングとの関係を詳しく調べる必要があるだろう。

　本実験は，Yamaguchi and Logan（in press）の研究の方法と逆の方向のセットアップによって学習の方向性を操作することによってチャンキングがタイピングの技能習得に重要な役割を果たしていることを確かめた。我々は非初心者のタイピストに向かって進む初心者タイピストのみを調べた。しかし，我々はタイピストがトレーニングの後で熟練したかは確かめられなかった。ゆえに，熟練したタイピストに関する発見に比べて本結果を比較するとき，注意が必要である。

　そうするためには，我々はいくつかの問題を解決する必要がある。第一に，日本語におけるタイピストスピードと正確性の正確な測定を確立する方法，例えば，Logan and Zbrodoff（1998）の英語における研究で観察されたような方法は未だに確立されていない。我々が知る限り，この研究が認知心理学の観点から日本人のタイピストを調べた最初の研究である。ゆえに，我々はひらがなワードを使って熟練レベルを調べる方法を開発する必要がある。第二に，日

第二部　研究論文

本人の母集団で実際のタッチタイピストをサイズことが困難である
という可能性である。というのは，我々は本研究において彼らを見
出すことができなかった。導入で述べたように，自己報告に基づく
先行研究によると，タッチタイピストの率は驚くほど低い。ゆえ
に，日本人の母集団における正確な測定法を使ってタッチタイピス
トを見出すことは困難かもしれない。

　一つの開かれた問題が，さらに研究するために求め続けられてい
る。IKSIs の分析が表したのは，母音を表すアルファベット文字を
タイプするのに求められるキーストロークは，トレーニング中す
べての時間で，子音を表すアルファベットのキーストロークに比
べて有意に長かった。この効果は極端に安定していた。ひらがな
のキャラクターの中で子音を表すアルファベット文字と母音を表
すアルファベット文字の順序が一定だったことに注意されたい[27]。
先行研究が示したのは，英語において IKSIs がワードをタイプす
るときワード内のシラブル境界によって影響を受けたことだった
（Weingarten, Nottbusch, & Will, 2004; Will, Nottbusch, & Weingarten,
2006）。それが日本語固有の問題に関わるのかは明確でない。将来
の日本人のタッチタイピストの研究がこの問題を解決するだろう。

---

[27]　日本語の安定した頑強なシラブル構造に関する研究は多くある。こ
のシラブル構造は，処理のユニットの一定の持続時間をもち，モーラあ
るいはモラエと呼ばれている（e.g., Hino, Kusunose, Lupker, & Jared, 2013;
Hino, Lupker, & Taylor, 2012; Kinoshita, 1998; Tamaoka & Makioka, 2004;
Perea, Nakatani, & van Leeuwen, 2011; Sakuma, Sasanuma, Tatsumi, & Masaki,
1998; Verdonschot, et al., 2011; Witzel, Qiao, & Foster, 2011）。

REFERENCES

Altmann, E. M. (2007). Cue-independent task-specific representations in task switching: Evidence from backward inhibition. *Journal of Experimental Psychology: Learning, Memory, and Cognition, 33*, 892–899. doi:10.1037/0278-7393.33.5.892

Amano, S., & Kondo, T. (1999). *NTT deetaa beesu siriizu: Nihongo no goi tokusei [NTT database series: Lexical properties in Japanese]*. Tokyo, Japan: Sanseido.

Anderson, J. R. (1974). Retrieval of prepositional information from long-term memory. *Cognitive Psychology, 6*, 451-474. doi:10.1016/0010-0285(74) 90021-8

Anderson, J. R. (1983). *The architecture of cognition*. Cambridge, MA: Harvard University Press.

Anderson, J. R., & Reder, L. M. (1999). The fan effect: New results and new theories. *Journal of Experimental Psychology: General, 128*, 186-197. doi:10.1037/0096-3445.128.2.186

Blais, C., & Besner, D. (2007). A reverse Stroop effect without translation or reading difficulty. *Psychonomic Bulletin & Review, 14*, 466–469. doi:10.3758/BF03194090

Botvinick, M., & Plaut, D. C. (2004). Doing without schema hierarchy: A recurrent connectionist approach to routine sequential action and its pathologies. *Psychological Review, 111*, 395–429. doi:10.1037/0033- 295X.111.2.395

Cooper, R., & Shallice, T. (2000). Contention scheduling and the control of routine activities. *Cognitive Neuropsychology, 17*, 297–338. doi:10.10800/026432900380427

Crump, M. J. C., & Logan, G. D. (2010a). Episodic contributions to sequential control: Learning from a typist's touch. *Journal of Experimental Psychol-*

ogy: Human Perception and Performance, 36, 662–672. doi:10.1037/
a0018390

Crump, M. J. C., & Logan, G. D. (2010b). Hierarchical control and skilled typing: Evidence for word-level control over the execution of individual keystrokes. *Journal of Experimental Psychology: Learning, Memory, and Cognition, 36*, 1369–1380. doi:10.1037/a0020696

Crump, M. J. C., & Logan, G. D. (2010c). Warning: This keyboard will deconstruct—The role of the keyboard in skilled typewriting. *Psychonomic Bulletin & Review, 17*, 394–399. doi:10.3758/PBR.17.3.394

Director-General for Policy Planning, Cabinet Office, Government of Japan (2002). 情報化社会と青少年－第4回情報化社会と青少年に関する調査報告書 [The fourth report on the research of youth trends in the current information-oriented society]. Retrieved from http://www8.cao.go.jp/youth/kenkyu/jouhou4/html/html/mokuji.html

Hino, Y., Kusunose, Y., Lupker, S. J., & Jared, D. (2013). The processing advantage and disadvantage for homophones in lexical decision tasks. *Journal of Experimental Psychology: Learning, Memory, and Cognition, 39*, 529–551. doi:10.1037/a0029122

Hino, Y., Lupker, S. J., & Taylor, T. E. (2012). The role of orthography in the semantic activation of neighbors. *Journal of Experimental Psychology: Learning, Memory, and Cognition, 38*, 1259–1273. doi:10.1037/a0028150

Kinoshita, S. (1998). The role of phonology in reading Japanese: Or why I don't hear myself when reading Japanese. *Reading and Writing, 10*, 439-455. doi:10.1023/A:1008043814409

Lashley, K. S. (1951). The problem of serial order in behavior. In L. A. Jeffress (Ed.), *Cerebral mechanisms in behavior* (pp. 112–146). New York: Wiley.

Liu, X., Crump, M. J. C., & Logan, G. D. (2010). Do you know where your fingers have been? Explicit knowledge of the spatial layout of the keyboard in skilled typists. *Memory & Cognition, 38*, 474–484. doi:10.3758/

MC.38.4.474

Logan, G. D. (1988). Toward an instance theory of automatization. *Psychological Review, 95*, 492–527. doi:10.1037/0033-295X.95.4.492

Logan, G. D. (2003). Simon-type effects: Chronometric evidence for keypress schemata in typewriting. *Journal of Experimental Psychology: Human Perception and Performance, 29*, 741–757. doi:10.1037//0096-1523.29.4.741

Logan, G. D., & Crump, M. J. C. (2009). The left hand doesn't know what the right hand is doing: The disruptive effects of attention to the hands in skilled typewriting. *Psychological Science, 20*, 1296–1300. doi:10.1111/j.1467-9280.2009.02442.x

Logan, G. D., & Crump, M. J. C. (2010). Cognitive illusions of authorship reveal hierarchical error detection in skilled typists. *Science, 330*, 683–686. doi:10.1126/science.1190483

Logan, G. D., & Crump, M. J. C. (2011). Hierarchical control of cognitive processes: The case for skilled typewriting. In B. H. Ross (Ed.), *The Psychology of Learning and Motivation* (Vol. 54, pp. 1–27). Burlington, MA: Academic Press.

Logan, G. D., & Zbrodoff, N. J. (1998). Stroop-Type Interference: Congruity effects in color naming with type written responses. *Journal of Experimental Psychology: Human Perception and Performance, 24*, 978–992. doi:10.1037/0096-1523.24.3.978

Masson, M. E. J., & Loftus, G. R. (2003). Using confidence intervals for graphically based data interpretation. *Canadian Journal of Experimental Psychology, 57*, 203–220. doi:10.1037/h0087426

Ministry of Education, Culture, Sports, Science and Technology of Japan (2010). 教育の情報化に関する手引 [Guideline for Digitization of Education]. Retrieved from http://www.mext.go.jp/a_menu/shotou/zyouhou/1259413.htm

第二部　研究論文

Neumann, E., & DeSchepper, B. G. (1991). Costs and benefits of target activation and distractor inhibition in selective attention. *Journal of Experimental Psychology: Learning, Memory, and Cognition, 17*, 1136–1145. doi:10.1037/0278-7393.17.6.1136

Neumann, E., & DeSchepper, B. G. (1992). An inhibition-based fan effect: Evidence for an active suppression mechanism in selective attention. *Canadian Journal of Psychology, 46*, 1–40. doi:10.1037/h0084309

Newell, A., & Rosenbloom, P. S. (1981). Mechanisms of skill acquisition and the law of practice. In J. R. Anderson (Ed.), *Cognitive Skills and their acquisition* (pp. 1–55). Hillsdale, NJ: Erlbaum.

Norman, D. A., & Shallice, T. (1986). Attention to action: Willed and automatic control of behavior. In R. J. Davidson, G. E. Schwartz, & D. Shapiro (Eds.), *Consciousness and Self-Regulation :Advances in research* (*Vol. 4,* pp. 1–18). New York, NY: Plenum Press.

Perea, M., Nakatani, C., & van Leeuwen, C. (2011). Transposition effects in reading Japanese Kana: Are they orthographic in nature? *Memory & Cognition, 39*, 700–707. doi:10.3758/s13421-010-0052-1

Rickard, T. C. (2004). Strategy execution in cognitive skill learning: an item-level test of candidate models. *Journal of Experimental Psychology: Learning, Memory, and Cognition, 30*, 65–82. doi:10.1037/0278-7393.30.1.65

Rickard, T. C. (2007). Forgetting and learning potentiation: Dual consequences of between-session delays in cognitive skill learning. *Journal of Experimental Psychology: Learning, Memory, and Cognition, 33*, 297–304. doi:10.1037/0278-7393.33.2.297

Rickard, T. C., Cai, D. J., Rieth, C. A., Jones, J., & Ard, M. C. (2008). Sleep does not enhance motor sequence learning. *Journal of Experimental Psychology: Learning, Memory, and Cognition, 34*, 864–842. doi:10.1037/0278-7393.34.4.834

Sakuma, N., Sasanuma, S., Tatsumi, I. F., & Masaki, S. (1998). Orthography and phonology in reading Japanese Kanji words: Evidence from the semantic decision task with homophones. *Memory & Cognition, 26*, 75–87. doi:10.3758/BF03211371

Speelman, C. P., & Kirsner, K. (2005). *Beyond the learning curve: The construction of mind.* Oxford, England: Oxford University Press.

Snyder, K. M., Ashitaka, Y., Shimada, H., Ulrich, J. E., & Logan, G. D. (2014). What skilled typists don't know about the QWERTY keyboard. *Attention, Perception & Psychophysics. 76*, 162–171. doi:10.3758/s13414-013-0548-4

Tamaoka, K., & Makioka, S. (2004). Frequency of occurrence for units of phonemes, morae, and syllables appearing in a lexical corpus of a Japanese newspaper. *Behavior Research Methods, Instruments & Computers, 36*, 531–547. doi:10.3758/BF03195600

Verdonschot, R. G., Kiyama, S., Tamaoka, K., Kinoshita, S., La Heij, W., & Schiller, N. O. (2011). The functional unit of Japanese word naming: Evidence from masked priming. *Journal of Experimental Psychology: Learning, Memory, and Cognition, 37*, 1458–1473. doi:10.1037/a0024491

Weingarten, R., Nottbusch, G., & Will, U. (2004). Morphemes, syllables, and graphemes in written word production. In T. Pechmann & C. Habel (Eds.), *Language production* (pp. 529–572). Berlin, Germany: Mouton de Gruyter.

Wilkins, N. J., & Rawson, K. A. (2010). Loss of cognitive skill across delays: Constraints for theories of cognitive skill acquisition. *Journal of Experimental Psychology: Learning, Memory, and Cognition, 36*, 1134–1149. doi:10.1037/a0019998

Witzel, N., Qiao, X., & Forster, K. (2011). Transposed letter priming with horizontal and vertical text in Japanese and English readers. *Journal of Experimental Psychology: Human Perception and Performance, 37*,

第二部　研究論文

914–920. doi:10.1037/a0022194

Will, U., Nottbusch, G., & Weingarten, R. (2006). Linguistic units in word typing: Effects of word presentation modes and typing delay. *Written Language and Literacy, 9*, 153–176. doi:10.1075/wll.9.1.10wil

Yamaguchi. M., Crump, M. J. C., & Logan, G. D. (2013). Speed–accuracy trade-off in skilled typewriting: Decomposing the contributions of hierarchical control loops. *Journal of Experimental Psychology: Human Perception and Performance, 39*, 678–699. doi:10.1037/a0030512

Yamaguchi, M., & Logan, G. D. (2014). Pushing typists back on the learning curve: Revealing chunking in skilled typewriting. *Journal of Experimental Psychology: Human Perception and Performance*, 40, 592-612. doi:10.1037/a0033809.

Yamaguchi, M., Logan, G. D., & Li, V. (2013b). Multiple bottlenecks in hierarchical control of action sequences: What does "response selection" select in skilled typewriting? *Journal of Experimental Psychology: Human Perception and Performance, 39*, 1059–1084. doi:10.1037/a0030431

付録
QWERTY キーを使ったタイピング実験の方法と結果

方　法

参加者

メイン実験に参加した同一の参加者，12 名が QWERTY キーボードを使ったフォローアップ実験に参加した。メイン実験とフォローアップ実験との間隔は，約6か月だった。

刺激と装置

同一のひらがなワードを使用した。キーボードが QWERTY キーボードであったことを除いて同一だった。使用したアルファベットは，オーバーラップ条件では，t, e, m, u, 非オーバーラップ条件では，k, a, s, i だった（表2）。メイン実験では，キー配置が均等にされていたが，本実験では，非オーバーラップ条件では，ホームポジションの行に三つのキー（k, a, s），オーバーラップ条件ではホームポジションの行にはどのキーも配置されていなかった。従って，オーバーラップ効果を調べることができなかった。

デザインと手続き

オーバーラップの効果，ブロックの効果がなく，単純な平均反応時間のみの測定デザインだった。試行数は1ブロック 64 試行のみであり，手続きは，実験の最後にキー配置の再生がなかった点を除いて，メイン実験と同じだった。

第二部　研究論文

結　果

　結果は，四つのキーストロークの潜時を求めた（図4の各パネルの棒グラフ参照）。反応時間は，RT，第2，第3，第4キーストローク潜時ごとにそれぞれ638，114，183，108 ms だった。RT が一番スピードが遅く，残り三つのキーストローク潜時は短かった，このことは四つのキーストロークのチャンキングを示していた。メイン実験の各四つのキーストロークの潜時ごとの最後のブロックの時間と比較した。その結果，すべての条件で有意な差が見られた。ただし，子音を示す第3キーストローク潜時は，第2，第4キーストローク潜時に比べて有意に長かった，

$$ts\ (11) > 6.5,\ ps < .001。$$

　メイン実験の最後の試行ブロックの平均時間と本実験とを比較した。どのキーストロークでも，有意な差が得られた，第1，第2，第3，第4キーストローク潜時について

$$t\ (11) > 7.2,\ p < .001$$
$$t\ (11) > 3.2,\ p < .01$$
$$t\ (11) > 5.5,\ p < .001$$
$$t\ (11) > 2.6,\ p < .05$$

　QWERTY キーの方がメイン実験のキーに比べて反応が速かった。全般的なエラー率は，7.7 % だった。

－166－

最後に

この本は，初心者の心理学の教科書としても使えるように考えている。しかし，認知心理学の研究者にとっても重要な方向付けを与えていると私自身考えている。

つまり，心理学から連想される「心」「ハート」が，「マインド」という頭の働きの研究の方向付けに制約を及ぼしてしまっているのではないかという問題意識である。つまり西洋の研究が，頭の働きがいかに優れているのかを探りたいという方向付けを持っているのに対して，我が国の研究者は，どのように感情や環境に左右され，コントロールできないのかを研究したいという非常に困難な目標を掲げているように感じるためである。

ストループ課題の研究に長年取り組んできた。その中で感じるのは，この課題を使った研究の方向性がどうも我が国と西洋諸国で異なっているのではないかという違和感である。この課題には，エラー反応はほとんど見られない。このようなコンフリクト状況を解決するという課題に対して，人間はマインドの働きでなんとか解決できる。従って，反応時間が増加する。

限られた紙面でそのことを十分論じることができたのか，まだまだ論じ尽くしていないことを感じる。

最後に，私が所属していた研究科が，心理学プロバーの研究科，学部でなかったことが，このような問題意識を持ち続けることができたこと，またアメリカのローガン教授との出会いとアメリカでの学会の参加がその問題意識を増加させてきた。

確かに，科学は文化から中立であり，価値からも中立であると考えられる。しかし，研究者がスタート地点でもつ動機づけは，文化の影響を受けると考えられる。論文でも述べたように，我々の文化は，人為的なコントロールを受けずにありのまま，他者を理解し，言葉なしに相手を受け入れることを理想としている。つまり，主体のコントロールや説明のない感情の自然な相互理解（i.e., heart-to-heart communication）が重要だと考える。従って，マインドの重要性が，本当のところ，どの程度我が国の研究を動機づけているのだろうかという問題意識を常に持ち続けてきた。

このような問題提起が，読者に何らかの感慨をもたらしたとすれば幸いである。

最後に，本書の出版に際して，西日本旅客鉄道株式会社安全研究所との共同研究「ミスの連鎖に関する認知コントロールの基礎」の経費の支援を受けた。また，第二部の研究の著者である芦高勇気氏との共同研究の成果でもある。この場を借りて感謝する。

〈著者紹介〉

嶋田 博行（しまだ　ひろゆき）

神戸大学大学院教授

大阪大学人間科学部卒、大学院人間科学研究科博士課程後期単位取得後退学

博士（人間科学）

大阪大学助手、神戸商船大学助教授、教授を歴任

2018年4月より神戸大学名誉教授

〈第二部研究論文共同執筆者紹介〉

芦髙 勇気（あしたか　ゆうき）

2009年　神戸大学海事科学部卒業

2014年　神戸大学海事科学研究科博士課程後期課程修了

　　　　博士（学術）

2014年　神戸大学学術研究員

2016年　西日本旅客鉄道株式会社安全研究所所属

　　　　航空保安大学校非常勤講師

認知コントロールからみた 心理学概論	2018年 3月 16日初版第1刷印刷 2018年 3月 22日初版第1刷発行
	著　者　嶋田博行
	発行者　百瀬精一
	発行所　鳥影社（www.choeisha.com）
定価（本体 1800円＋税）	〒160-0023 東京都新宿区西新宿3-5-12トーカン新宿7F
	電話 03（5948）6470, FAX 03（5948）6471
	〒392-0012 長野県諏訪市四賀 229-1（本社・編集室）
	電話 0266（53）2903, FAX 0266（58）6771
	印刷・製本　モリモト印刷
	© SHIMADA Hiroyuki 2018 printed in Japan
乱丁・落丁はお取り替えします。	ISBN978-4-86265-669-8　C1011